西安交通大学人文社会科学学术著作出版基金
中央高校基本科研业务费专项资金资助
Supported by "the Fundamental Research Funds for the Central Universities"

十四五

学术文库系列

科学健身指导手册

石磊 赵升 著

西安交通大学出版社
XI'AN JIAOTONG UNIVERSITY PRESS

图书在版编目(CIP)数据

科学健身指导手册 / 石磊,赵升著. -- 西安 : 西安交通大学出版社, 2024. 6. -- ISBN 978 - 7 - 5693 - 3843 - 0
Ⅰ. G883 - 62
中国国家版本馆 CIP 数据核字第 2024LJ7475 号

书　　名　科学健身指导手册
KEXUE JIANSHEN ZHIDAO SHOUCE
著　　者　石　磊　赵　升
责任编辑　李逢国
责任校对　郭　剑
装帧设计　伍　胜

出版发行　西安交通大学出版社
(西安市兴庆南路 1 号　邮政编码 710048)
网　　址　http://www.xjtupress.com
电　　话　(029)82668357　82667874(市场营销中心)
(029)82668315(总编办)
传　　真　(029)82668280
印　　刷　西安五星印刷有限公司

开　　本　710mm×1000mm　1/16　**印张**　12.125　**字数**　246 千字
版次印次　2024 年 6 月第 1 版　2025 年 1 月第 1 次印刷
书　　号　ISBN 978 - 7 - 5693 - 3843 - 0
定　　价　98.00 元

如发现印装质量问题,请与本社市场营销中心联系。
订购热线:(029)82665248　(029)82667874
投稿热线:(029)82664840　QQ:1905020073
读者信箱:1905020073@qq.com

前　言

对于个体而言，健康是一个人的立身之本，生命的物质基础和幸福生活的源泉。对于一个国家而言，健康是一个国家的立国之基，是一个国家国民整体素质和社会文明的重要标志；实施“全民健身计划”是我国新时代改善和保障民生的国家战略部署。当今人类社会需要的是一种积极的健康，它是一种高质量的、对社会有贡献的生存状态。

生命在于运动，运动需要科学，只有适宜的运动才能够促进身体健康。为此，本指导手册力图通过体育学和医学的资源合力，针对大众健身的核心需求，为大家提供科学的健身建议和理念。本书具有以下三个鲜明特征：第一，学术性与科普性兼容。“必读知识点”的内容系权威观点，对于大众而言，该部分内容具有很强的科普价值，可以有效地提高大众的体育科学素养；“拓展资料”的内容则对前沿学术资料进行了理论分析与总结，对于相关领域的科研人员和“运动达人”而言，该部分内容具有学术性参考价值。第二，理论与实践并重。本书内容力求对运动的科学理论做出系统的描述与深入浅出的解读，从而适用不同教育程度和专业背景的更多读者；根据之前编写出版的《全面科学健身 100 招》（详见参考文献），我们从中遴选、优化了某些具备代表性的、针对性的、普适性的练习方法，以对本书的相关理论进行必要的呼应与支撑。第三，整体性与碎片式共存。著者围绕“如何科学健身”这一主线思路将整本书内容划分为五个章节，每个章节以层层递进的逻辑关系展现出来，有助于大家循序渐进地对运动规律进行完整的理解；“必读知识点”与“拓展资料”下设的每个具体条目都采用了类似于“名词解释”的表现形式，大家可以利用有限的业余时间进行“碎片式”的按需阅读。

我们期待这本指导手册能够帮助大家筑建起科学健身的主动意识与行为习惯，远离“生命在于静止”或“运动万能”等认识误区，减少健身运动的盲从性和随意性；希望通过科学健身，使每个人都能拥有更加强壮、健康的体魄。

感谢陕西省体育局、陕西省体育科学学会和相关医学机构的大力支持，鉴于笔者的经验和水平有限，书中难免会有疏漏和不足之处，敬请读者批评指正。

著　者

2024 年 3 月

目 录

第 1 章　运动促进健康基本理念

1.1　健康是一个三维的立体概念

1.1.1　必读知识点

1. 三维健康观

健康是指个体在生理、心理和社会适应三个方面保持的良好状态，而不仅是无疾病或是不虚弱。本书将主要从生理健康的维度为大家提供健身建议。

2. 健康的判断标准

健康的判断标准有：①精力充沛，可以从容不迫地应对来自工作与日常生活的各种压力；②处世态度乐观、积极，勇于承担自己的责任，不斤斤计较；③休息效率高，有良好的睡眠质量；④应变力强，能适应自然、社会环境的变换；⑤对一般感冒和其他传染病具有一定的抵抗力；⑥体重合理，体型匀称，头、颈与四肢的位置中正、协调；⑦视力良好，眼睑无炎症，听力良好；⑧牙齿清洁，无缺损、无疼痛，齿龈颜色正常，无出血现象；⑨头发有光泽，无头屑；⑩肌肉和皮肤富有弹性，走路轻松。

3. 健康的影响因素

人的寿命长短不完全取决于衰老和疾病，正确的生活方式更为重要。大多数人由于未形成正确的生活方式，身体会相应地出现某种疾病，身体的各个器官、系统也会衰老得更快。世界卫生组织（WHO）指出，健康的影响因素主要包含生活方式（占比 60％）、遗传（占比 15％）、社会条件（占比 10％）、医疗条件（占比 8％）和自然条件（占比 7％），强调起到决定性作用的依然是生活方式（见图 1－1）。

4. 健康的生活方式

健康的生活方式包括合理膳食、戒烟限酒、适量运动、心理平衡。

5. 亚健康

亚健康是指介于健康状态和疾病状态之间的“第三种”个体状态，主要体现在人体的活力下降、机能减退、适应能力衰退等健康低质的状态。值得注意的是，亚健康是可逆的，具有双向性转化特点，积极面对可回归健康，不加注意则可演变为疾病。

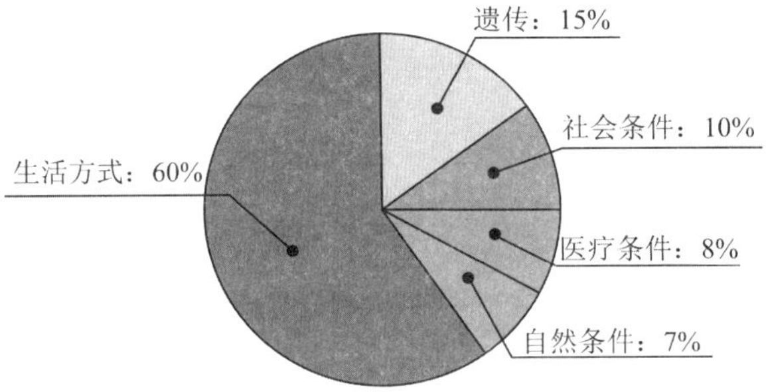

图 1－1　健康的影响因素

1.1.2　拓展资料

1. 健康的认知进程

健康既是全人类生存和发展的基本要素，也是个体人生的第一财富。随着历史的发展，人类对健康的认知大致经历了三个转变历程：神灵自然医学模式、生物医学模式以及生物-心理-社会医学模式。健康状态意味着不断适应变化不止的生物和社会环境，具有动态的适应性规律。回顾人类对健康需求的历史，可以将其大致划分为不同的几个层面：保障生命（没有疾患和残疾，最原始、低级的需求）；维持生计；推进发展；享受生活；与自然、社会环境和谐共处。在远古时期，人类对自然界的认知处于初期萌芽和感性认知的状态，用神灵的力量来认知健康与疾病的唯心健康观是当时的主流。随着社会生产力的不断提升，以及医学、体育学等学科的迅猛发展，人类逐步开始认识到：我们的健康是可以去了解和把握的，渐渐地走向了"机械唯物论"的健康价值观。这个观点有其历史的进步性，但却忽视了人体的复杂性以及社会性。工业革命以来，随着循证医学、社会生态学、心理学、体育学等学科理论的迅猛发展与日臻完善，人们认识到了各类疾病的复杂性和多样性，逐渐地把社会性因素、心理性因素以及个人行为融入健康的内涵里面。在我国，传统医学倡导透过观察人体体表的疾病表现来判断健康的本质状态，提倡"天人合一"的理论，认为"人身小宇宙，宇宙大人身"，一个人的生命、身体、健康和疾病都和周围的自然环境有着密切的关联。

2. 健康概念的演变

健康的内涵是伴随人类发展而逐步丰富和完善的，是具有强烈的时代特点的综合概念，它在不同的时代有着很大的区别。《辞海》对于健康的陈述是：通常用人体测量、体格检查以及各种生理指标的测试评价各器官系统发育、功能、体质健壮、精力充沛的情况，是否具有良好劳动效能的状态。WHO 在不同时期对健康概念的定义也是不断完善的。例如，1948 年 WHO 成立之初就指出，健康与疾病并不是一个互补的名词，从生理、心理及社会三个层面都完全安宁幸福的状态，免于疾病或不虚弱只是健康的一个方面；1968 年 WHO 又重点显现了人的社会属性，将健康修订为“良好的身体与精神状况、具有较强的社会幸福感”；1989 年 WHO 把“道德健康”作为新的内涵注入健康的概念，认为健康的状态应该是生理、心理、社会适应能力以及道德健康四个维度。WHO 于 1948 年提出三维度的健康定义到四维度（生理、心理、社会和道德）的健康定义，不断推动着人们对健康认知的发展，有学者曾将健康扩展到非常具象的七个维度，而且对每个维度的内涵进行了概括。

1）身体维度

身体维度是指对疾病的易感性、体能、体重、视力、听力和康复能力等个体的结构与功能特征，这个维度在一般情况下是基础的维度，以至于曾长期被我们作为健康的唯一衡量标准。

2）情绪维度

情绪维度是指灵活性、应激能力、解决冲突的忍让性和基础的情绪特征，情绪体验的状态可影响个人的满意度与生命活力的整体状态。

3）理智维度

理智维度是指信息处理能力、价值观以及判断能力水平、应对环境变化的灵活性、运用信息以及新理念的能力等。

4）社会维度

社会维度是指选择适宜的生活方式和获得社会支持的能力水平，表现在与他人、组织交往的各个方面。

5）心灵维度

心灵维度是指精神层面以及思想境界层面的维度。

6）职业维度

职业维度是指个体对工作的满意度，职业维度对健康的作用包括直接影响与间接影响。

7）环境维度

环境维度是指人类生存环境对健康状态的影响。宏观环境包括城市、国家、世界、地球乃至于宇宙范围。微观环境则涉及分子、个体、种群、人文环境等层面。环境维度对于人体健康的影响（环境污染、臭氧层的破坏、自然灾害、城市规划、国家政策、国际争端、战争等）广泛而深远。

以上七个维度随着认识的深化与科技的发展，可能还会扩展下去。但是，这些非常具象的维度，基本上都可以归类到生理、心理和社会适应三大维度上来。因此，目前仍然通用的是“三维健康观”。WHO在2005年重新强调，健康是在生理、心理及社会适应方面（生物-心理-社会的三维医学模式）处于相对完满的状态。

3. 三个维度的关系

目前，健康的概念重新回归三个维度（生理、心理、社会适应）并在多领域进行着阐释，这三个维度在健康的内涵讨论中是缺一不可的，它们之间存在着互相补充以及依存的逻辑关系（见图1-2）。例如，在生理维度的疾病会影响到人们在心理维度的情绪变化，同时也会对人们的工作以及社会交往产生不同程度的影响；反之，人们在社会适应维度上的不足，往往会造成情绪的变化（心理压力），这种长期的情绪变化极有可能带来身体上各种疾病的产生。另外，健康是一个动态的、连续的过程，而不是一个绝对的概念。三维健康的定义强调了三个维度的关联，其中的三个维度并不是完全对立或是相互排斥的。作为个体可能罹患某种疾病或残障，但他仍然可以拥有积极乐观的心态以及较强的社会适应能力。相反，有的人虽然没有疾病或残障问题，但也有可能感觉身体不适、心态不佳或社会适应不良等。由此，对于以上二者而言谁的状态更好，那就需要从三个维度的具体指标去判定了。

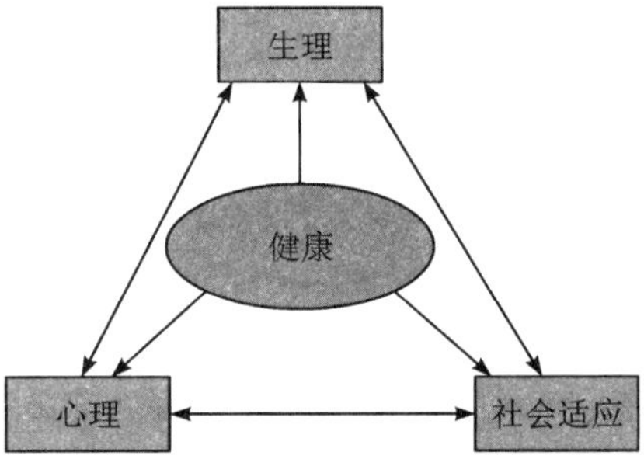

图1-2　健康的三个维度

4. 亚健康的判定标准

亚健康的判定标准有：①持续3个月以上反复出现的不适状态或适应能力显著减退，但能维持正常工作；②无重大器官器质性疾病及精神心理疾病；③尽管具有明确的非重大器官器质性疾病或精神心理疾病诊断，但无须用药维持，且与目前不适状态或适应能力的减退无因果联系（参照《亚健康的中医临床研究指导原则》）。

5. 亚健康的成因

根据国内对于亚健康横断面的调研资料和国外对于健康影响因素的调研资料，产生亚健康的危险因素与不利于健康发展的因素是一致的，同样包括生活方式因素、生物因素、社会环境因素、卫生服务因素以及自然环境因素等若干层面(见图 1-3)。

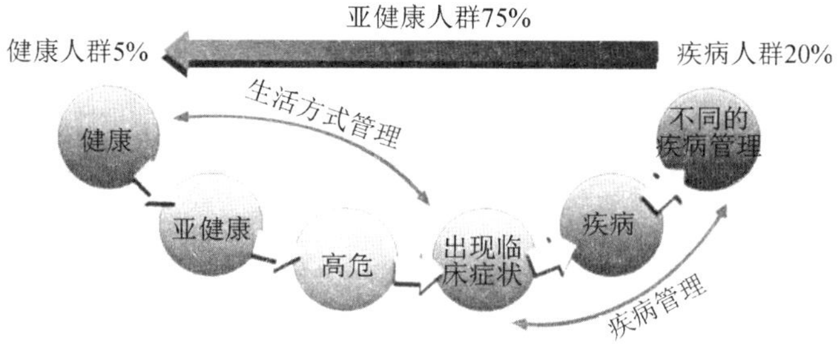

图 1-3　亚健康的成因

1)生活方式因素

生活方式因素也称为自创性危险因素,是指由于个体的生活习惯或行为方式而对健康产生潜在危险的因素。这些生活习惯或行为方式与常见的慢性病或社会病息息相关,主要行为包括吸烟、酗酒、熬夜、缺乏锻炼、不合理饮食、药物滥用、不合理驾驶习惯等。

2)生物因素

生物因素是指直接与遗传有关的疾病、残障,以及遗传与其他危险因素共同作用的疾病、残障等因素。生物因素包括年龄、性别、种族、疾病遗传史、身高、体重等。

3)社会环境因素

社会环境因素是指政治、经济收入、家庭关系、就业情况、文化教育、居住条件以及工作紧张度等各类威胁健康的因素。

4)卫生服务因素

卫生服务因素是指在医疗卫生系统中存在的对健康发展不利的因素,包括医疗制度不完善、医疗环境差、医疗质量低、交叉感染率高、漏诊误诊率高等因素。

5)自然环境因素

自然环境因素包括生物性危险因素,如细菌、真菌、病毒、寄生虫等,物理性危险因素,如噪声、振动、电离辐射等,化学性危险因素,如毒物、农药、废气、污水等。

根据 WHO 的统计,全球约 75%的人处于亚健康状态,对于亚健康成因的研究有助于人们识别高危个体或群体,对于预防疾病和促进健康具有重要的现实意义。

1.2 体质健康与终身体育的要求

1.2.1 必读知识点

1. 体质与体质健康

体质是指人体的质量，是指在遗传性、获得性的基础上表现出来的人体形态结构、生理功能和心理素质的相对稳定的综合特征。体质健康是指身体质量是否良好的状态，是体质状况的反映和具体表现。健康是我们增强体质的最终目的与归宿，而体质则是健康的基础与前提。健康离开体质，则是无源之水、无本之木。“体质”作为“健康”的定语，强调了在三维健康观（生理、心理、社会适应）中的生理健康维度。

2. 体力活动不足及危害

经济的发展和新技术的出现，降低了劳动过程中的身体活动比例，从而造成了当前人们体力活动不足的社会现象（或生活方式）。全球人口体力活动整体水平自1965年以来呈现持续下降的趋势，“体力活动不足”已被WHO确定为21世纪全世界最大的公共卫生问题之一。体力活动不足是引发慢性非传染性疾病的头号杀手，全球超过18亿人因运动不足面临疾病风险。低收入国家成年人体力活动不足的比例为21%，而高收入国家这一比例则为42%，发达国家高于发展中国家，城市高于农村。依据WHO统计，体力活动不足是目前全世界范围内位居第四位的主要死亡危险因素，全球每年约有200万人因体力活动不足而导致健康威胁以致最终失去生命。目前，我国大众对于运动的认知程度依然不容乐观，整体上处于较低水平。《全民健身活动状况调查公报》指出，我国居民20岁及以上成年人中只有不足20%的人经常参加体育锻炼，尤其对于中青年群体，该比例仅为12.4%。久坐少动（一般认为是静坐1小时以上）是体力活动不足的典型现象，60%～85%的发达国家和发展中国家的人群保持着久坐不动的生活方式。我国绝大多数居民也养成了久坐不动的不良习惯，并长期缺乏体育锻炼，仅有11.2%的居民能够保持健康的生活方式。另外，循证医学的研究资料显示，久坐少动的行为习惯对健康产生了多种威胁，并且很大程度上与个人总体的体力活动水平无关。多项相关的纵向研究资料显示，久坐少动的行为习惯导致全因死亡率的增加，致使肥胖症、心血管疾病、糖尿病以及高血压风险加倍。久坐少动产生的危害如图1-4所示。

3. 特殊时期与终身体育

在疫情暴发的特殊时期，人们面临双重挑战：第一重挑战是病毒或病菌侵入人体后所带来的体质健康威胁，严重时会出现全身脏器衰竭直至失去生命。第二重

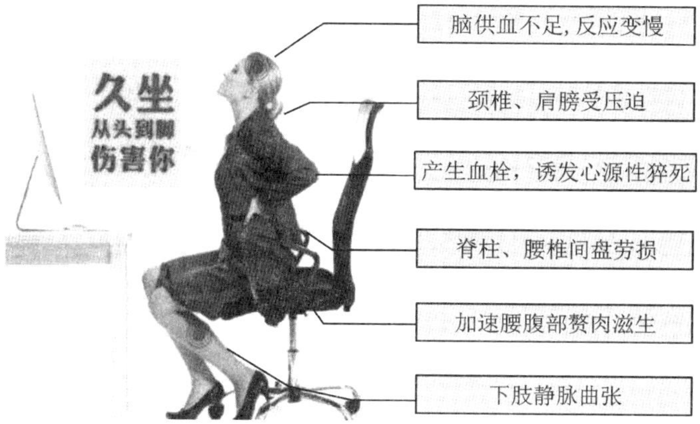

图 1－4　久坐少动的危害

挑战是某些公共卫生策略（如相对隔离、社交疏远）加剧了人们体力活动不足（包含健身活动减少）所带来的人体免疫力下降，这是对体质健康产生的次级伤害（第二次打击），可间接导致个体其他病症的暴发。后疫情时期是指疫情过去后的一段历史时期，后疫情时期并不代表着疫情已经完全消失，一切恢复到以前的安全时代，而是一个疫情时起时伏、随时可能小规模暴发（异地或异国回流以及季节性发作）以及对各方面都产生深远影响的特殊时期。就像一个人大病初愈一样，很多生理、心理乃至行为方面的变化仍将持续一段时期。

终身体育是指个体接受终身体育思想和实施身体锻炼行为的过程，是人一生当中各种体育活动的总和，是个体实现体质健康的过程和手段。疫情时期以及后疫情时期的体育活动只是终身体育的组成部分（一个阶段），新型冠状病毒疫情的突袭再一次警醒人们：拥有健康不一定能给我们带来全部，但没有健康我们将失去一切，只有树立终身体育的理念才是我们对自身体质健康最大的负责。

1.2.2　拓展资料

1. 体质的意义和范畴

对于个人而言，体质是人体的质量，是人们从事劳动等一切生命活动的物质基础。对于国家和社会而言，体质是经济建设和文化建设等一切社会发展的物质基础，是生产力的组成要素，是综合国力的体现，是国家的宝贵财富。

体质的基本概念具有以下几个鲜明的特点：①明确指出人的机体是一个统一的、相互密切协调的整体，它是个体活动、劳作的物质基础；②强调了人的体质与动物有本质的区别，具有身心两方面发展密切相关的特征；③在承认了遗传作用的同时，体质的发展强调了后天塑造的重要性；④体现了体格发育与生理功能水平的外在特征，既强调了身体素质和运动能力的现实水平，又强调了科学健身的重要性，对促进全民健身活动的广泛开展具有重要的现实意义；⑤体质研究是一个十分复杂的系统工程，是涉及许多学科、领域的综合研究。因此，我们应十分注重它与其他学科、领域的联系，要应用、借鉴其他研究领域的成果和知识。

体质的范畴包括以下五个方面：①身体形态发育水平；②生理功能水平；③身体素质和运动能力水平；④心理发育（或发展）水平；⑤适应能力。通过体育锻炼和医疗保健等，体质会得到改善，特别是体育锻炼，它是增强个体体质最积极、最有效的途径。体质范畴的具体内容如表 1－1 所示。

表 1－1　体质范畴的具体内容

体质范畴	具体内容
身体形态发育水平	体格、姿势、体型以及营养状况等
生理功能水平	物质、能量代谢水平以及各器官系统的工作能力
身体素质和运动能力水平	力量、速度、耐力、柔韧、灵敏，走、跑、跳、投、攀爬
心理发育（或发展）水平	个性、感知、智力、情感、行为、意志以及性格等状态
适应能力	对自然和社会环境的适应能力，对不良因素的抵制能力

2. 体质概念的演变

国外对于体质领域相关学说的形成相对较早，被世人誉为“西方医学之父”“医学哲学之父”的古希腊医学代表人物希波克拉底（公元前 460—公元前 377 年）在其文集中就体质的定义提出了“体液学说”。西方的现代学说对体质的概念仍有着不尽相同的阐述，例如，美国健康体育休闲舞蹈协会指出，体质具有全面性、多样性和随年龄发展的延续性特点，主要表现为个体的活动和工作能力，并且相应地将其划分为健康体质与技巧体质两类。相关学者认为，健康体质是由肌肉力量、耐力、心肺耐力、柔韧性构成的，而技巧体质则是由敏捷性、速度、平衡、协调性与爆发力构成的。体质作为一个人生理能力的指标，主要表现为一个人能够从事每天体力活动（工作）并且能够胜任日常工作与学习而不会感到过度疲劳的能力。在中国，我们对于体质领域的探索也有着非常悠久的历史，早在 2000 多年前，我国古代医学论著《黄帝内经·灵枢·阴阳二十五人》中就有对体质学说的论述，认为体质在一定程度上反映了个体在阴阳气血盛衰方面所呈现的禀赋特质。早期相关学者对于体质构成或组成的阐述是：体质是个体生命中的独有特质，包括了人体所有生物学特征的主体特征。另外，中医领域将体质划分为九种类别（见图 1－5），其中注重显现体质与自然及后天各因素的相互辩证关系。近代中国的多数学者认为，体质概念不仅表现了人体生命活动的水平，同时也反映了人体的躯体活动能力。例如，《体育之研究》中提出，强筋骨意味着体质的增强，之后“发展体育运动，增强人民体质"的口号更加完整地阐明了体质的本质属性，即增强人民身体健康的本义。

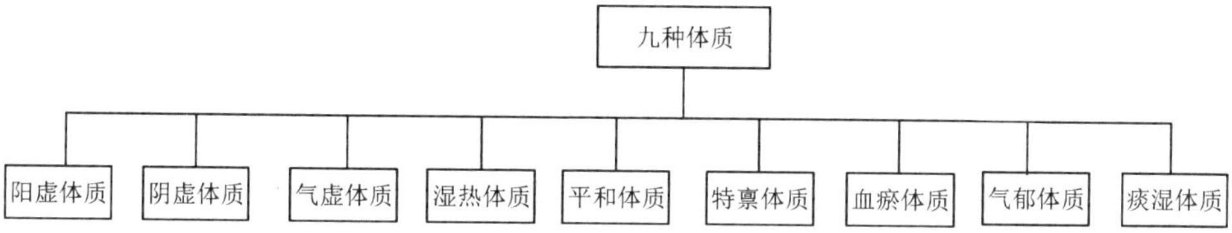

图 1－5　中医对于体质的认识观点

回顾中国的相关研究，我们可以把对体质的认知观点总结为以下几类：①体质表现为个体在各方面表现出的综合性的、相对稳定性的特点，即体质是人体质量的观点，这个观点在目前得到了大多数学者的普遍认可；②体质作为医学名词，主要运用在医疗卫生领域（反映在生理与致病因素等方面）；③体质作为体育学名词，主要运用在运动领域中（体能、体型、体格）；④体质作为机体生命活动的物质基础，是指个体在生物因素（遗传和变异）中所逐渐形成的相对平衡的状态。

综上所述，我们可以把体质看作身体对生活、运动及环境（温度、气候变化或病毒等因素）的一种综合适应的能力。另外需要指出，体质的状态是一个动态的过程，会随着个体的发育生长、成熟而不断发展、增强，当然也可能因个体的疾病以及老化而不断受损、变弱。

3. 体质健康与运动技能

体质健康是运动技能的发展目的，运动技能是体质健康的发展手段。科学健身证实，通过实践不断地掌握更多的运动知识和技能，不断地掌握促进体质健康的各种方法和手段（科学的活动安排和熟练的运动技能），可以直接或间接地促进与增强个体的体质健康。而增强体质、保持健康则是个体进行健身的最终目的，它能促使个体更加积极主动地掌握和提高运动技能。体质健康和运动技能互相成就，较高水准的运动技能能够更有效地促进体质健康，在体质增强的同时还可以辅助个体掌握更高难度的运动技能。值得注意的是，针对个体之间存在体质健康和运动技能水平的差别，要理性、有的放矢、循序渐进地制订个性化的运动方案，这不仅可以最大程度地优化运动效果，而且可以不断提高个体参与体育锻炼的积极性、主动性，保障个体运动时的安全性。

4. 疫情的危害与应对

疫情作为突发公共事件，近年来频频发生，例如疯牛病、口蹄疫、甲型流感病毒、急性呼吸综合征病毒等，尤其是 2019 年末 2020 年初暴发的新冠疫情，以传染率高、辐射面大等危害，对公众生命安全造成了严重威胁，对国家经济发展造成了重大损失，对整个社会运行造成了极大的影响。现代社会人口流动速度逐步加快，交通工具也不断丰富、便捷，这同时也增加了传染病传播的速度和风险。作为一个人口大国，中国的庞大人口基数成为传染病高概率传播的风险因素。统计显示，我国每年因突发事件造成的经济损失约占我国当年 GDP 的 6%。为此，自 2003 年急性呼吸综合征病毒事件之后，中国政府就构筑了“一案三制”的应急体系，逐步形成了以国务院统一领导，各个地方、各级部门协同的管理模式以及应急监测预警系统。自急性呼吸综合征病毒事件之后的多次抗击疫情行动，为我国应对疫情、保护人民和国家财产积累了大量的实践经验与理论资料。我国在公共卫生应急管理领域不断向前迈进，这为我国应对突发公共卫生事件奠定了管理基础。

1.3 运动可以提高人体免疫力

1.3.1 必读知识点

1. 运动与免疫力

免疫力是指人体识别和消灭外来侵入物（病毒、细菌等），处理衰老、损伤、死亡和变性的自身细胞，识别和处理体内突变细胞和病毒感染细胞的能力，是人体自身的防御机制。在人体内部，执行这一自身防御功能的是免疫系统，包括免疫器官、免疫细胞（如各类造血干细胞、淋巴细胞、粒细胞、肥大细胞、红细胞等）和免疫分子（如免疫球蛋白、补体、各种细胞因子等）。人体自身免疫系统是机体对抗和消灭病毒的关键，机体的免疫力强弱决定着个体是否感染病毒及感染病毒的后果。免疫力是人类与病毒长期不懈斗争的有力武器，人类免疫系统是一个高度复杂的细胞和分子网络，旨在使个体免受病毒感染和疾病困扰。适度运动有助于人体体液免疫和细胞免疫系统机能的改善，从而对免疫系统的正常功能产生深远影响。运动还可以改善人体对疫苗接种的免疫反应，减轻慢性低度炎症，并改善癌症、艾滋病、心血管疾病、糖尿病、认知障碍和肥胖在内的多种疾病的各种免疫指标。有证据表明，运动可以保护个体免受许多其他病毒的感染，包括流感、鼻病毒和疱疹病毒，例如人类疱疹病毒 4 型、水痘带状疱疹病毒和单纯疱疹病毒－1。适度运动还可以通过转移注意力、改善情绪、稳定生物节律（运动的安慰剂效应）来保持机体免疫系统的正常运行。人体对新型病毒及微生物不具有先天免疫能力，且免疫力低下的人群更容易被感染。有专家建议：“锻炼像吃饭，是生活的一部分，对身体健康起到很关键的作用。”进行科学健身从而提高机体免疫能力是预防病毒传播的重要途径。尽管运动可能无法防止我们在接触病毒时被感染，但保持科学健身会增强免疫系统的功能，可以将病毒的有害影响降到最低，改善症状，加快康复并降低感染他人的可能性。免疫力低下产生的影响如图 1－6 所示。

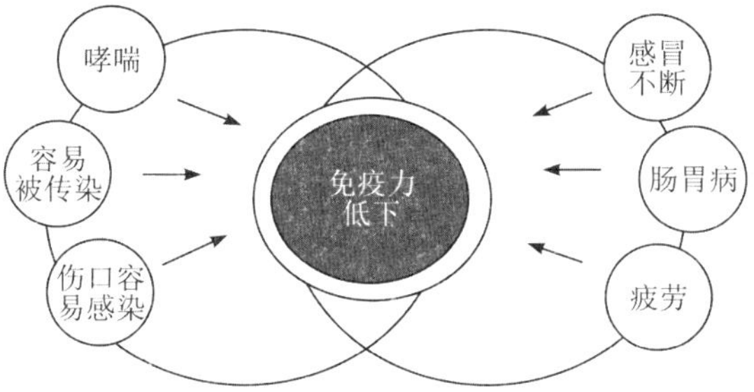

图 1－6　免疫力低下的影响

2. 运动与劳动

运动与劳动同属体力活动，存在一定的联系和区别。运动是指有计划、有组织、以提高体适能为目的的体力活动。劳动是指通过改变自然物的形态或性质，以为人类的生活和需要服务为目的的体力活动。运动是为了锻炼身体，劳动是为了创造社会财富。劳动时往往受条件的限制而形成动作较为单一的身体局部肌肉活动，容易产生疲劳甚至会造成肌肉劳损，而没有参与工作的肌肉、骨骼就难以得到锻炼。因此，劳动不能取代运动，我们需要多种形式的运动来调动全身肌肉的参与，从而达到体质健康的目的。当然，运动与劳动并不是完全对立的，如果能够把部分劳动转化为运动锻炼(如走楼梯而非乘电梯，而得以增加步行量；把上下班开车或乘坐公共交通工具替代为骑行、快走或慢跑等运动形式)，则可以大大地节约运动的时间成本。

1.3.2　拓展资料

1. 免疫功能的稳态

在人体内，免疫系统作为机体的主要组成部分，发挥着防御(抵御外界病毒等微生物的入侵)、监视(识别病原体及癌变、衰老或坏死细胞)和清除(清除病原体及癌变、衰老或坏死细胞，调节维持机体内环境稳态)的重要功能。免疫能力最初被认为只是维持生物体稳态的防御机制，而现代免疫学指出，免疫应该包含免疫稳定与免疫监视的层面。免疫系统在传统意义上主要是清除进入机体的外源性抗原物质或微生物以及表现异常的内源性物质，当免疫功能降低时，机体易于感染或出现恶性肿瘤；另外，过度的特异性免疫反应可能导致过敏性疾病或自身免疫性疾病，为维持机体健康及预防、治疗各种疾病，机体需要保持免疫功能稳态。人体免疫系统的功能如图 1－7 所示。

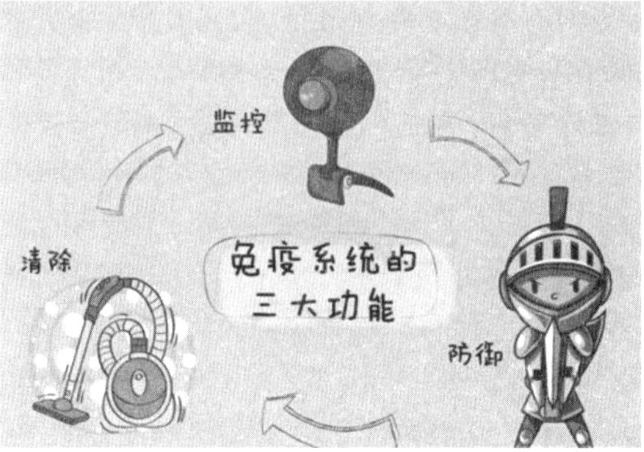

图 1-7　免疫系统的功能

2. 运动与免疫衰老

一个健康的免疫系统对于人体的体质健康至关重要。免疫细胞不仅可以清除病原体,还可以清除癌细胞和衰老细胞。随着年龄的增加,人体免疫系统出现衰老和功能下降,无法有效地杀灭人体内的"入侵者"和"叛变者",从而造成了慢性炎症的出现,疾病也就随之而来。

1)终身运动可以延缓免疫系统衰老

现代生活中,久坐少动的习惯过多地减少了人们的运动量。一项针对坚持运动的老年人(55～79 岁)的研究表明:定期锻炼的老年人身体状况,并没有随着年龄增长表现出和年龄相关(肌肉质量、胰岛素敏感度、胆固醇、血压)的变化,也没有出现免疫系统衰老的现象。在另一项研究中,针对的是进行中、高强度体育锻炼并坚持 25 年的老年人(65～85 岁男性),该研究也显示出了同样的结果。经常定期锻炼的老年人,免疫系统维持着较强活力,抵御病毒的能力比没有定期锻炼的同龄人强很多。

2)运动如何改善免疫系统衰老

英国伯明翰大学的研究人员发现了运动改善免疫系统衰老的关键因素——骨骼肌。在运动时,骨骼肌能够分泌细胞因子(如 IL-6,即白细胞介素-6)。研究显示,运动后骨骼肌分泌的 IL-6 具有促炎的作用,能增强免疫反应,同时能刺激肾上腺分泌第二个信号——皮质素。除了 IL-6,骨骼肌还将分泌 IL-7、IL-15 等细胞因子,刺激免疫细胞(初始 T 细胞、自然杀伤细胞)的增殖与激活,可以使巨噬细胞极化而抑制脂肪产生。不仅如此,定期的运动也会降低人体感染病毒的概率,增加肠道内微生物群的多样性。

3)提高免疫力的运动要满足的条件

提高免疫力的运动要满足两个条件:定期、适度。美国运动医学会(ACSM)数据显示，对于大多数健身爱好者而言，每天30～60分钟低或中等强度训练，能使人在流感季节所经历的患病天数至少减少40%。英国研究者在秋冬季的12周内，追踪1000人（18～85岁）发现，与每周只锻炼一次或从不锻炼的人相比，每周锻炼5次（或更多）、每次小于60分钟者，其感冒症状的持续时间会缩短43%～46%。适度且规律运动，可以增强机体积极的免疫系统反应，促进巨噬细胞分泌，还能推动免疫细胞更快地在体内循环。一般而言，免疫系统会在运动结束后几个小时内恢复到正常水平，持续的规律运动可以使上述良性变化更持久。适度运动30～45分钟，免疫反应会持续增加。但持续运动超过3小时，免疫反应就开始走下坡路。持续运动超过3.5小时，即诱发免疫抑制。此时，细菌、病毒等病原体反而会乘虚而入。

4）运动或将成为一种治疗手段

运动可以作为一种提高人体免疫力的辅助治疗手段，有研究发现，具有运动习惯的老年人拥有更好的疫苗接种效果。免疫治疗是通过激活或刺激患者体内的免疫细胞来攻击病原体的，如果患者的免疫细胞功能不佳，也会影响后续的治疗效果。还有研究发现，只要在提取T细胞前进行运动，就可以暂时提高免疫细胞的能力。人体的免疫系统如图1-8所示。

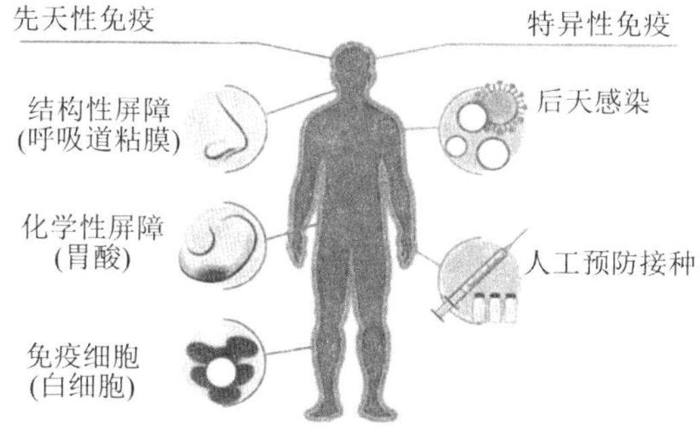

图1-8　人体的免疫系统

3. 运动增强免疫力的机制

适度运动能够对人体的免疫系统（免疫器官、免疫细胞、免疫因子）机能在整体上产生深远的影响，因此，“如何进行科学健身才能高效地提高人体免疫力并降低感染风险”这一主题受到了现代社会的广泛关注。运动免疫学随着免疫组化技术、高倍电镜技术和聚合酶链式反应技术等应用与发展，其在分子水平上得到了很大的进展（抗原传递细胞膜与特异性免疫关系领域、从骨髓与胸腺入手探讨运动对B细胞和T细胞发育影响的领域、运动导致免疫失衡与相关转录因子的领域）。运动对免疫系统功能的作用包含着众多因素的多重影响（运动强度、运动持续时间和运动频率等)。循证医学表明,一次运动的有益作用将会在48小时后完全消失,而规律性运动不但能够有效地降低心脑血管疾病、Ⅱ型糖尿病、恶性肿瘤等非传染性疾病的患病风险,而且可减少多种传染性疾病的患病风险,对调节免疫能力具有积极作用。大规模流行病引发了许多关于运动如何通过增强免疫力来保护个体免受感染的问题。例如,隔离和封闭会对免疫力产生负面影响,糖皮质激素(如皮质醇)在隔离和封闭期间会升高,并抑制免疫系统的多种关键功能。当个体处于压力状态时,个体的T细胞对感染因子的反应能力显著降低,淋巴细胞(如自然杀伤细胞和CD8+T细胞)识别并杀死体内已癌变或已被病毒感染的细胞的能力也显著下降。同样重要的是,我们的免疫细胞必须保持其重新部署的能力,以便它们可以在体内的脆弱区域"巡逻"(如上呼吸道和肺),以防止病毒和其他病原体获得"立足之地"。这一过程对于最大限度地减少病毒的影响以及在个体被感染时加快病毒的消除十分重要。每次运动,特别是全身动态心肺运动,都会瞬间动员体内数十亿个免疫细胞,尤其是那些能够执行效应功能的细胞类型,例如能识别和杀死被病毒感染的细胞。动员的细胞首先从边缘的血管池、脾脏和骨髓进入血液室,然后转运到次级淋巴器官和组织,特别是可能需要增强免疫防御能力的肺和肠。通过运动动员的免疫细胞被激发并启动"战斗"状态,它们在血液和组织之间的频繁循环起到了增强个体免疫监视的作用。从理论上讲,这使机体对感染病毒具有更强的抵抗力,并且更有能力应对任何已经立足的传染性病原体。运动还会释放各种有助于维持免疫力的蛋白质,特别是肌肉细胞因子,例如IL-6、IL-7和IL-15。IL-6已被证明可以"引导"免疫细胞向感染区域转移,IL-7能促进胸腺产生新的T细胞,IL-15有助于维持外周T细胞和自然杀伤-细胞室,所有这些协同作用能够提高机体对感染的抵抗力。

4.运动的安慰剂效应

由重大传染病情景所导致的恐惧、焦虑、抑郁等心理应激特征会导致机体对病毒的免疫力下降,所以,保持心理稳定状态就显得尤为重要。有专家认为,在人类发展过程中,热爱运动对人类"绝对生存"的贡献,与积极主动的生活方式、精神和智力一样,是不可或缺的。运动心理学的证据显示,科学健身是应对心理应激的有效方式,可以对负向心理情绪产生有效的抑制作用,从而促进个体的良好心理状态。科学健身是通过拮抗心理应激,促进积极心理状态,增强机体体质,达到提升机体抵抗力的作用。另有研究指出,不同的运动项目、持续时间以及运动强度对人体应对心理应激的作用程度是不同的。一般认为,中等强度的健身活动可以有效应对慢性和急性心理应激对机体免疫功能的影响,增强机体应对心理压力的能力。同时,适当的体育锻炼由于动作简单和不断重复,易于转移注意状态,将人们从病情中解脱出来,能够起到安慰剂效应。

1.4　运动的风险与收益并存

1.4.1　必读知识点

1. 运动的收益

体育运动是体力活动的组成部分之一，是有计划的、以改善或保持体质健康为目的的程序化的体力活动。体育运动可以通过多种途径和机制为机体产生健康收益。例如：通过改善代谢功能、内皮功能及抑制交感神经兴奋度等来调节血压水平；通过提高胰岛素分泌能力、非胰岛素依赖性组织的葡萄糖摄入水平等来控制血糖水平；通过减少低密度脂蛋白胆固醇的含量、提升脂蛋白酶的活性、提高高密度脂蛋白胆固醇的含量等来控制脂代谢水平；通过改善心血管系统和呼吸系统功能来提升心肺耐力；通过改善焦虑与抑郁情绪来促进个体心理健康；等等。在患病期间，个体最期盼在提升免疫力方面获得运动收益。图 1－9 形象地表现了运动与药物之间的关系。

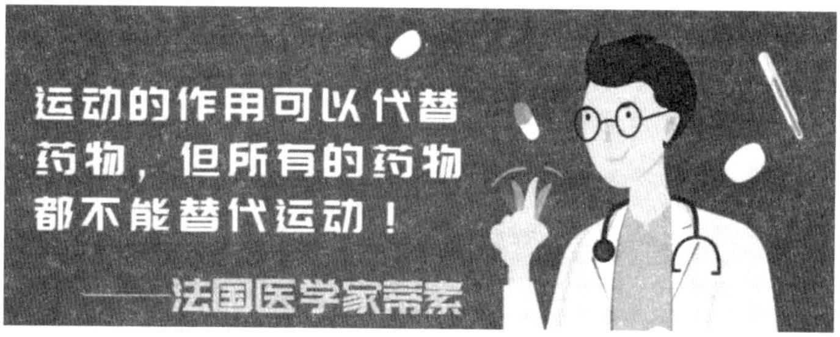

图 1－9　有关运动与药物的观点

2. 运动风险与风险事件

运动是一把双刃剑，具有双重性，可以给人带来收益，也会带来风险。只要参与运动，伴随着运动的风险因素也就必然存在，当其强度和数量达到一定量的积累时，运动风险事件则随之发生，最终导致不必要的运动损伤甚至会危及人的生命安全。运动风险分为环境风险和人为风险两大方面。图 1－10 表现了运动也可带来潜在的风险。

3. 运动性猝死

运动性猝死是指在与运动相关的急性症状发生后（运动后即刻至 24 小时内）的非创伤性意外死亡，它被视为最为恶性的运动风险事件。运动性猝死按发生原因可分为心源性猝死与脑源性猝死，一般以心源性猝死（运动性心脏骤停）居多。运动性心脏骤停后的及早救治是关键。例如：2021 年 6 月 13 日，在欧洲杯（欧洲

图 1-10　运动存在潜在的风险

足球锦标赛)丹麦对阵芬兰的比赛中,丹麦核心球员埃里克森(昵称"爱神")在无球员接触的情况下突发倒地,不省人事。而本次欧洲杯的突发事件现场处置措施在急救领域迎来一片掌声,无论是队长的通气处置、队友的保护、芬兰队医的反应以及现场的急救设备,几乎完成了一场无可挑剔的院外救援,在基础生命支持系统全部到位的情况下,"爱神"成功地阻击了死神。中国每年发生心源性猝死的人数约 54.4 万例,也就是说每分钟就有一人死于心源性猝死,其中只有不足 1%的人成功获救,这一比例仅仅是美国的 1/3。目前,运动性猝死因其后果的严重性而得到了社会的广泛关注,自动体外除颤器(AED)系统和基本生命支持(BLS)培训体系正在日益健全。当然,当我们需要用 AED 的时候,已经处在了疾病管理流程的最底端。我们需要的是打响关于自己的健康保卫战,即定期地做身体检查、通过现代医学的药物/器械进行控制以及加强科学健身。发生运动猝死的项目所占比例如图 1-11 所示。

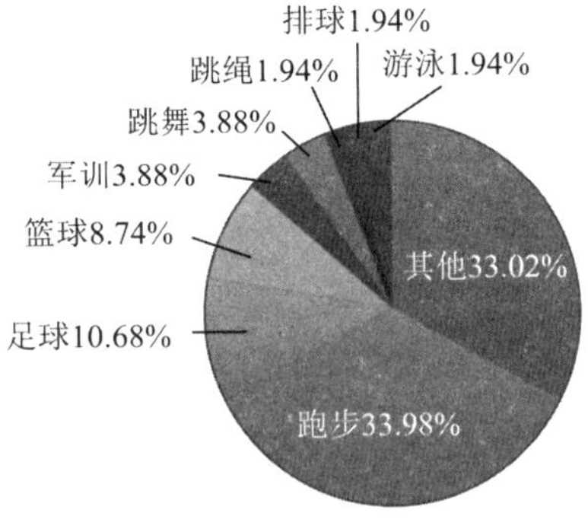

图 1-11　发生运动猝死的项目比例

4. 运动与免疫功能空窗期

适度运动有助于提高人体免疫力,但是过度运动则会危及人体健康。在进行健身活动时，一定要遵循科学的运动规律，“运动多多益善”“运动万能”都是对运动认识的误区。在长时间或高强度运动之后的一定时间内，运动会暂时性地抑制人体免疫系统的机能，即存在一个免疫力下降的空窗期（3～24 小时），运动量越大恢复时间越长，在这个空窗期内人体被病毒感染的风险会大大增大。上呼吸道疾病的得病风险与训练强度其实是一个“J”线图的关系（见图 1－12），久坐不动的人得病风险处于平均线上，中等训练强度的人得病风险比普通人要低（大多数运动爱好者），高强度训练的人（专业运动员/过度训练）得上呼吸道疾病的概率比较高。根据目前的研究，我们可以简单地总结如下：养成长期的、规律的运动习惯，可以有效地提升人体免疫力；但是，在每次的运动过程中以及空窗期内，必须要远离病毒易染区域。

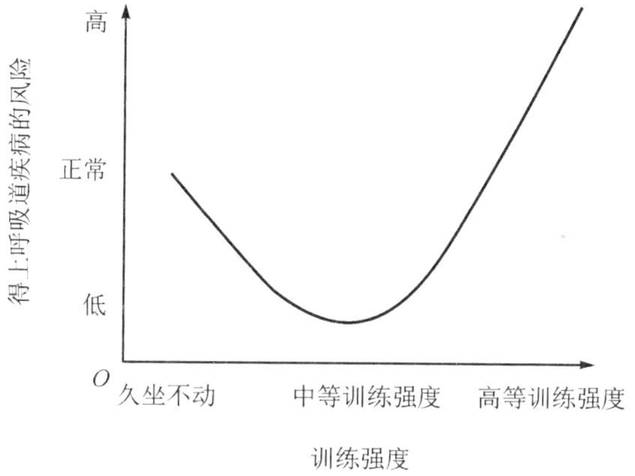

图 1－12　呼吸道疾病风险与训练强度的“J”线图关系

5. 雾霾天气与运动

全世界有 90％的人都在呼吸受到污染的空气，轻微空气污染也与死亡率增加有关，随着 PM10 和 PM2.5 浓度的增加，死亡率也持续增加。运动锻炼对心血管疾病（CVD）的预防作用是众所周知的。有研究表明，在暴露于 PM2.5 高浓度空气污染的群体中，高强度运动不仅会抵消运动对 CVD 风险的降低作用，还会增加 33％的 CVD 患病风险。由此可见，在高污染环境中的体育运动反而会对心血管健康产生不利影响。因为人在运动的时候会增加耗氧量与呼吸频率，雾霾中的微颗粒就顺着呼吸道进入机体到达肺泡内部，甚至有一部分微颗粒可以渗透到肺泡的血管而进入血液。这个过程会导致呼吸道因不良刺激而产生咳嗽与咽喉肿痛等症状，严重时可能会出现呼吸困难、胸闷、心悸等强烈反应。所以，雾霾天应尽量避免室外活动。雾霾对呼吸的影响如图 1－13 所示。

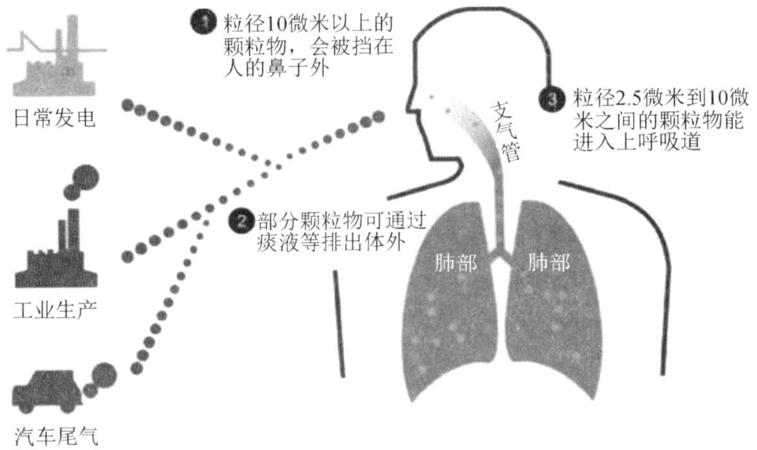

图 1－13　雾霾对呼吸的影响

1.4.2　拓展资料

1. 运动促进健康的表现

运动与健康本是两种不同领域的概念，一种常以动态形式存在，一种常以静态形式存在。运动与健康具备相互成就、促进、影响的关系。科学健身可以改善血液循环、提升机体新陈代谢功能，从而延缓衰老、延长寿命。另外，科学健身可以通过整体上对人的精神和心理状态的提升，对于调动和发挥个体主观能动性产生着积极的影响。运动促进健康主要表现在以下几方面：

1）对呼吸系统的改善

科学健身可以提高呼吸肌的机能而增大肺部通气量；可以提升肺部的通气功能和换气功能而增加人体的摄氧量；可以提高呼吸道的防御功能，预防感冒、慢性支气管炎和肺部其他疾病。

2）对运动系统的改善

科学健身可以增强骨骼的血液循环、骨骼的物质代谢，预防骨折以及骨质疏松；可以增强骨连结周围的肌力和韧带的韧性，加强骨连结的稳定性、牢固性与灵活性；可以改善肌肉的供血和物质能量代谢功能而增进肌肉成长并预防肌肉萎缩。

3）对神经系统的改善

科学健身可以增进神经系统的调节机能，促进机体对各种环境变化做出及时的反应；可以增进神经系统的血液循环与代谢而延缓大脑的机能衰退。

4）对心血管系统的改善

科学健身可以引起心脏形态结构的变化，并使血管更加健康并富有弹性；可以引起心脏的机能变化而增强其泵血功能，对于高血压和血栓等病症具有较强的调节和预防作用。

5)对消化系统的改善

科学健身可以增强消化系统的整体功能而降低肠道病症;可以增强内脏器官、组织的固定状态,预防胃肠下垂等疾病;可以增进消化液分泌和肝脏的脂肪代谢,提升机体对食物的消化和吸收机能。

6)对内分泌系统的改善

科学健身可以增强促甲状腺素分泌而改善机体的能量代谢功能;可以增进胰岛素的分泌而提升人体的糖原合成和血糖调节功能。

7)对生殖系统的改善

科学健身可以延缓男性生殖系统的机能衰退,提升前列腺患者的生活品质;可以改善绝经期妇女的机能紊乱,预防或改善机体潮热出汗、胸闷心悸、失眠等不良状况。

8)对心理和社会适应健康的改善

科学健身可以改善睡眠质量,降低或延缓抑郁、焦虑类等心理疾病所带来的疲劳和精神紧张。美国心脏协会(AHA)、欧洲心脏病学会(ESC)、加拿大心血管学会(CCS)等国际权威组织指出,科学健身已被证实可以预防和治疗26种慢性病并且兼具高效低成本的优势。运动对于健康的促进作用如图1-14所示。

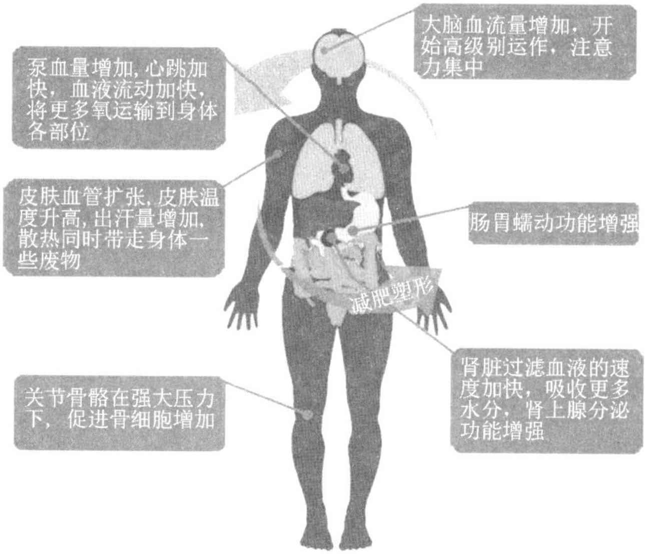

图1-14 运动促进健康的例举

2. 运动促进健康的机制

应激性和适应性是人体的基本生命特征,运动作为一种外界刺激(应激原),能够致使机体对运动本身产生相应的应激反应。所以，当适度运动（科学健身）作为一种良性的外界刺激时，可以使机体出现一系列良性的应激反应，长期的、规律性的适度运动可以使机体从良性的应激反应（不适应）形成良性的适应（重新调整、增强机体各个系统的功能以达到与运动刺激强度的一致），从而打破目前的稳态，到达另外一个稳态（更高层次的健康状态）。相反，当不当运动（强度超过了承受范围）作为一种恶性的外界刺激时，则可以使机体出现一系列恶性的应激反应，持续的不当运动可导致机体各个系统的功能紊乱或是器官受损，最终带来运动性疲劳、运动性损伤、运动性疾病甚至会造成生命危险。

3. 运动与大脑的认知功能

“动一动，十年少”，运动有益于大脑的结构和功能，特别是在老年群体中。运动通过多种机制的协同途径来发挥对大脑认知的促进作用，比如运动引起的细胞和分子途径的改变势必也会引发大脑更宏观的特性变化（如大脑结构和功能）或更高水平的行为或精神状态的变化，进而可能独立地影响认知等。对运动发挥作用的机制分析如下：

1）运动的细胞和分子机制（1 级机制）

有氧运动会引起大脑明显的生化变化，运动引起的细胞或分子变化的研究大都集中在血液或脑脊液中可测量的分析物上。研究表明，儿童、青少年、年轻人、老年人、老年痴呆症患者和精神障碍患者在长期运动后，脑源性神经营养因子水平有所增加；人类脑源性神经营养因子循环水平的增加促进了成年人执行功能的改善。

2）运动对大脑结构和功能（2 级机制）的影响

（1）灰质。关于运动对人类影响的研究仍然集中在衰老过程中的海马灰质体积上，最近的一项分析关注了 24 岁到 76 岁健康和被诊断出患有临床疾病的参与者，结果表明（各种类型的）运动可能会减轻与年龄相关的左海马灰质体积损失。另有实验表明，运动能够缓解老年人左右海马体灰质的体积损失，这表明运动对老年群体作用更大。

（2）白质。在老年人中，运动对较大的白质体积和较小的白质病灶体积具有显著的净效应，如舞蹈或抗阻运动能够影响白质的结构。运动对成年人晚期白质的影响可能存在一些关键的边界条件（如性别和遗传学）。运动对青少年影响的系统综述提出了新的证据，表明运动有益于发育中的儿童的白质结构。运动对儿童患者（包括那些从脑瘤中恢复过来的患者）的白质结构（如完整性）也有影响。

（3）大脑结构与功能。在儿童和老年人中，大脑结构和功能的变化会介导运动对认知功能的影响（2 级机制）。对于老年人来说，运动通常会促进大脑 DMN（默认模式网络）功能，提高不同功能网络之间的跨网络特异性。对于成年人来说，脑电图表明运动训练后 P3b(事件相关电位的一种成分)潜伏期的减少与更好的认知表现有关。对于儿童来说,运动对脑功能的影响主要集中在任务诱发的激活上,运动可以改善儿童的神经效率。另一个需要考虑的相关因素是,与运动相关的功能机制可能在不同年龄段之间有所不同。

3)运动社会心理机制(3 级机制)

(1)情绪。运动社会心理机制是指可能受到运动影响的心理状态和高级行为,从而对大脑和认知产生一些有益的影响。研究表明,运动是一种有效的附加治疗(与常规治疗相比),可以减轻抑郁症或精神病患者的症状。此外,运动可以改善这些疾病中典型的认知症状,表明运动引起的情绪变化可能部分是由于运动可以改善患者群体的认知功能,并且有证据表明,这是通过大脑分子和结构的变化来实现的。运动相关的认知改善也可能部分介导抑郁症状的减轻。因此,将运动与认知和抑郁症状联系起来的机制可能是双向的。

(2)睡眠。睡眠是另一种运动心理社会机制。运动干预后,中老年人的睡眠(通常是效率和持续时间)得到改善,但是干预研究的结果在儿童、青少年和壮年人群中并不一致。这可能是由于纳入研究的方法和质量不同。在睡眠中断(如睡眠呼吸暂停和失眠)的成年患者群体中,运动训练对睡眠结果也有积极影响。尽管在年轻患者群体(如儿童癌症)中存在较少的运动和睡眠的随机对照试验,但横向研究的证据支持运动对睡眠的积极影响也可以延伸到这些群体,运动对大脑影响的机制也可能随着年龄的增长和个体之间的差异而变化。

运动对认知的影响如图 1 - 15 所示。

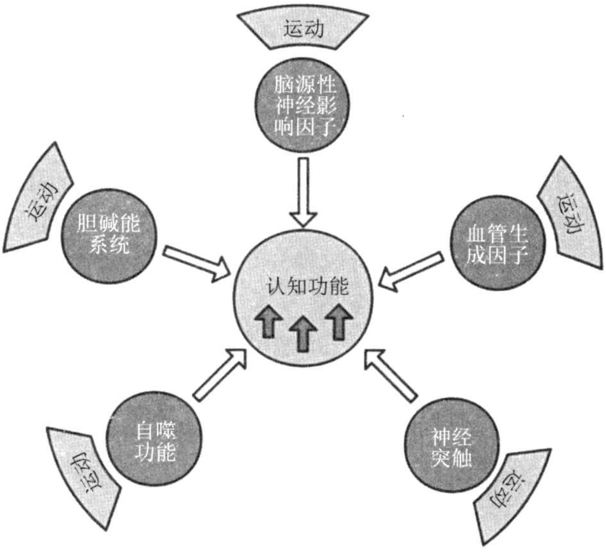

图 1 - 15　运动对认知的影响

4. 急性运动后的免疫力

规律性运动是指在一定时期内有目的、有计划的重复性健身活动。与之相反，急性运动是指单次的健身活动形式。急性运动也可以形成一定的生物学效应，这种生物学效应能够延续较短的时间，并可形成累积效应。急性运动所产生的免疫反应与规律性运动所形成的免疫适应是运动免疫学领域的两个主要研究主题。较为早期的研究认为，进行中、高强度的规律性健身活动（在可以得到充分恢复的基础上）能够有效地增强人体的免疫功能；进行长时间或高强度的健身活动则会对人体的免疫功能产生抑制，进而增加了感染性疾病发生的风险；进行中等强度的规律性健身活动（少于45分钟）也可以增强人体的免疫功能，进而减少了感染性疾病发生的风险；进行急性运动可能会在一段时长内削弱人体免疫能力，增加了感染性疾病发生的风险。此外，极低水平的体力活动和过度运动一样，也会削弱人体的免疫功能，相关学者据此提出了运动免疫的"J"型曲线。20世纪80年代末，相关学者提出的"免疫功能空窗期"理论也认为长时间高强度的急性运动会削弱人体免疫功能，并增加机会性感染疾病的风险。机会性感染是指某些病原微生物（在免疫功能正常时不致病）在机体免疫力暂时性低下时乘虚而入，引发感染并导致疾病发生的感染类型。急性运动对人体免疫功能的作用主要包括两个层面：中等强度和短时高强度的急性运动可以激活免疫系统并暂时性地增强免疫功能；长时间的、剧烈的急性运动可以抑制免疫系统并暂时性地削弱人体的免疫功能，其抑制机制（淋巴细胞数在循环中减少、分泌型黏膜免疫球蛋白A的分泌降低、抑制非主要组织相容性复合体限制的自然杀伤细胞和淋巴因子激活的杀伤细胞的细胞毒活性等）较为复杂。流行病学的证据表明，专业运动员在高强度或大运动量训练或在大赛之后，各种类型的感染性疾病（以流行性感冒和上呼吸道感染为主）发生率呈现急剧上升的趋势，推理其原因是人体的免疫功能在高强度运动结束后没有得到充分恢复而持续性地进行另一周期的训练计划，由此反复而使人体免疫系统产生了深度抑制，最终出现了免疫功能暂时性低下的空窗期。关于空窗期的形成和持续时长，显然是与训练计划的安排是否合理息息相关的。20世纪末以来，体育锻炼、身体活动与机会性感染风险之间的关系成为研究热点，探究急性运动后机体外周免疫细胞的变化是非常有意义的，目前各研究间尚存在分歧。另有研究显示，急性运动可能对提高新型病毒及其他微生物抵抗力具有积极的影响：在急性运动后的即刻，人体的白细胞及亚群在外周血液循环中含量升高、IL-6浓度增加，暂时性地提升了人体抗病毒感染能力；在急性运动后的1小时，人体淋巴细胞的含量低于平时的水平而产生空窗期，此时机体被感染的可能性较高；在急性运动后的3小时，人体白细胞和中性粒细胞的凋亡现象得以延缓，可以激活非适应性免疫系统，从而增强了机体的免疫功能。运动负荷对免疫力的影响如图1-16所示。

图 1 - 16　运动负荷对免疫力的影响

5. 运动性免疫抑制的原因

科学健身可以提升人体抵抗传染性疾病的能力，但在运动训练的实践中同时出现了某些运动员在高强度的训练或比赛后免疫力下降的现象，这种现象通常被称为运动性免疫抑制，其原因可以归纳为以下几个方面。

1）高强度、大运动量运动对机体黏膜免疫系统的影响

黏膜（分布于呼吸道、消化道、泌尿道、皮肤以及某些外分泌腺等管腔内）是人体的第一道免疫防御屏障，其在人体内部的复杂网络体系被称作黏膜免疫系统。急性运动所导致的人体应激反应，可以对黏膜造成表面伤害或使其抗体分泌不足，从而打破了黏膜免疫系统的稳态，并可能会使有害病原微生物对人体的侵害有机可乘，最终致使感染性疾病发生率增加。

2）高强度、大运动量运动对免疫细胞及亚群的影响

研究显示，急性运动可以对免疫细胞的数目和分布情况产生改变，运动期间免疫活性细胞、中性粒细胞和淋巴细胞亚群被动员且重新募集进入血液循环，运动结束之后中性粒细胞数目继续上升，淋巴细胞及其亚群数目、分布、活性均发生巨大改变，其水平显著低于平时的基值（凋亡率上升，增殖力下降），从而形成了“空窗”的状态（运动性免疫抑制），感染性疾病的发生率升高。

3）高强度、大运动量运动对细胞因子的影响

细胞因子具有调节固有免疫和适应性免疫等多种功能，是指丝裂原和免疫原或者其他诱导因素所形成的低分子量可溶性蛋白质。在急性运动后，人体内部的促炎因子和抗炎因子均显著增加，出现亚临床和临床感染状态。在急性运动的后期，运动性疲劳的严重积累产生了累积性免疫抑制，此种状态会促进炎症因子的分

泌，形成了“炎症—抗炎平衡”的稳态失调，导致抗炎介质提供不了对所产生炎症的抵制作用，甚至会过度抑制机体内部的炎症反应和免疫应答反应，最终导致人体的免疫功能暂时性地下降。免疫系统的组成如图 1－17 所示。

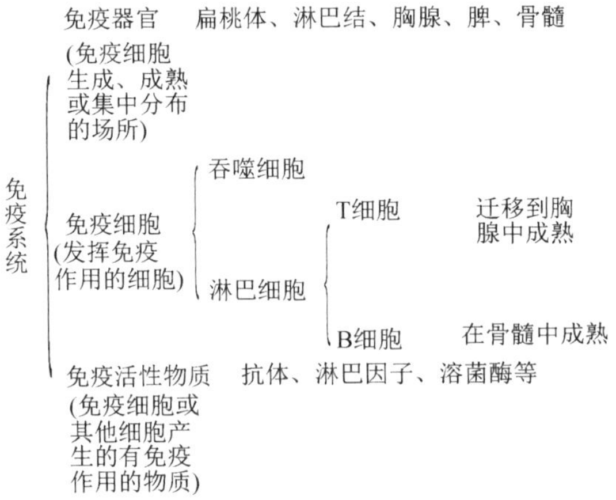

图 1－17　免疫系统的组成

6. 运动性免疫抑制机制

运动性免疫抑制在目前引起了免疫学领域的广泛关注，引起运动性免疫抑制的机制主要涉及以下几个方面。

1)运动对神经与内分泌机能所产生的影响

在急性运动过程中，某些应激反应(下丘脑-垂体-肾上腺皮质系统与交感-肾上腺素系统被激活)可以明显增强人体的某些激素(如促肾上腺皮质激素、糖皮质激素、生长抑素、儿茶酚胺等)的生成和分泌状态，而这些应激激素大多具有明显的免疫抑制功效。

2)运动对免疫细胞能源物质消耗所产生的影响

在急性运动过程中三大能源物质(糖、脂肪、蛋白质)均参与能量代谢，能源物质的持续消耗可以使机体的血糖和谷氨酰胺水平明显降低。而谷氨酰胺是免疫系统的重要“能源”，是淋巴细胞分泌和增殖等功能的维持“燃料”，所以谷氨酰胺水平的降低又会导致淋巴细胞与巨噬细胞等免疫细胞的“能源”供应不足。研究显示，外源性谷氨酰胺的补充能够显著地提升危重症者淋巴细胞的总数，从而增强其免疫功能。另外，血糖浓度的改变还能够通过影响内分泌系统的途径而改变人体的免疫功能，运动所致的血糖降低所引发的糖皮质激素分泌增强又会产生更加严重的免疫抑制作用。

3)运动对自由基生成所产生的影响

高强度运动后，机体的自由基水平大幅度增加且持续时间较长，会通过攻击细胞膜等途径形成免疫损伤从而产生免疫抑制作用。

4)运动对免疫细胞凋亡所产生的影响

大量淋巴细胞非正常程序性死亡能够对抗体分泌量、胸腺组织、淋巴细胞数量等产生直接的不利影响。在急性运动过程中导致的免疫功能失衡与淋巴细胞凋亡的相关机制密切相关，但是仍然需要大量的研究做出进一步的证实。运动性免疫抑制的机制目前是研究的热点，其研究方向主要包括运动对免疫器官、免疫细胞以及免疫分子的影响机制。随着免疫组化、高倍电镜和聚合酶链式反应技术等现代实验技术的不断改进，运动免疫学在微观水平上取得了很大的进展(运动导致的免疫失衡与相关转录因子的关系)。当然，运动性免疫抑制的机制仍然存在许多的细节尚未了解清楚(如急性运动中骨骼肌与免疫系统的联系、急性中枢神经与内分泌系统对免疫细胞的分化发育方面的调节机制等)。因此，运动过程中免疫失衡等问题尚需与多个学科分支融合，进而做出更为全面的解答。

7. 运动对呼吸道免疫

如前所述，虽然专业的运动员在高强度或大运动量的训练或比赛后，其呼吸道的免疫功能会有一个暂时性下降的空窗期，但是，规律性的中、小强度的健身活动相对久坐少动而言，可以有效地减少上呼吸道被感染的概率。其主要原因是高强度或大运动量健身活动对呼吸道中的免疫球蛋白和抗菌蛋白的功能产生抑制作用，而中、小强度的健身活动则可以增强人体呼吸道黏膜的免疫功能，从而降低了病毒的感染率。研究显示，急性运动后对自然杀伤细胞、淋巴细胞和嗜中性粒细胞的功能产生抑制作用也是高强度或大运动量运动后增加上呼吸道感染率的原因之一。这也提示我们，作为非运动员的一般健身者，适当地提高运动频次(做好可以形成习惯)是能够减少呼吸道感染的风险，中等强度的规律性运动能够降低大概20%的呼吸道患病风险。呼吸道结构如图 1-18 所示。

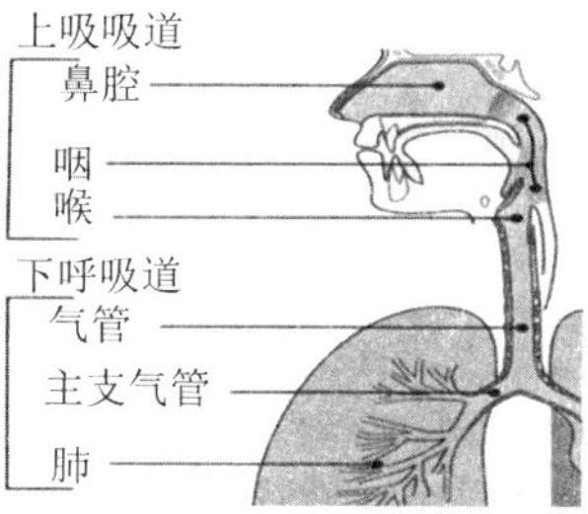

图 1-18　呼吸道结构图

第2章　科学健身的基本知识

2.1　科学健身的内容

2.1.1　必读知识点

1. 科学健身的含义

科学健身是指在掌握了体育运动、生理卫生和营养保健等一定的基本知识的基础上，根据自身健康状况，以提升体质健康水平为目的的、有计划的、在一定的健身指导下进行的活动。

2. 科学健身的现实意义

传染性和非传染性疾病一直困扰着人类。在20世纪早期，传染病的预防和治疗是首要的。在20世纪后期，非传染性疾病以更高的全球死亡率将人们的注意力从传染性疾病转向非传染性疾病。体育锻炼可以增强机体体质，提高机体的免疫力，科学健身是防御疾病传播的积极手段。药物（疫苗）是外源性的健康促进方式，科学健身是内源性的健康促进方式。对疾病的预防不能一味消极防御，只有坚持科学健身，才能增强机体的免疫力，由消极防御变为积极防御。广大群众应该树立科学健身、增强免疫力和抵抗病毒侵害的主动意识，减少在体育锻炼中的盲目性和随意性。

3. 科学健身的一般原则

进行科学健身活动，一定要遵循以下几方面的原则。

1）安全性原则

在参加健身活动的过程中，首要原则就是通过若干保护措施确保健身者避免或尽量规避运动伤害事件的发生。

2）主动性原则

科学健身要有一定的目的和主动意识，要发挥人的积极性和主观能动性。

3）从实际出发原则

科学健身要因人而异、量力而行。负荷量太小达不到健身效果，负荷量太大则容易受伤。

4)持之以恒原则

人体质的增强是一个不断积累和逐步提高的过程,如果锻炼不系统,效果就不明显,锻炼停止较长时间,身体机能就会下降至锻炼前水平。

5)循序渐进原则

个体要依据自身的健康水平和运动技能的掌握情况,合理选择运动强度的起点,健身时的运动量要由小到大,待机体适应后再逐步加大。

6)全面性原则

科学健身应全面发展身体的各部位、各器官的机能,不要选择过分单一性的锻炼项目,应该选择不同的锻炼方式以达到全面健身的目的。

4.运动处方的原则

运动处方是指由运动处方师依据需求者的健康信息、医学检查、运动风险筛查、体质测试结果,以规定的运动频率、强度、时间、方式、总运动量以及进阶,形成目的明确、系统性、个体化健康促进及疾病防治的运动指导方案。在美国的《ACSM运动测试与运动处方指南》中,运动处方主要包含六个要素:运动频率(frequency,每周锻炼的次数)、运动强度(intensity,费力的程度)、运动时间(time,运动持续的时间)、运动方式(type,运动模式或类型)、运动量(volume,也称运动负荷,其大小决定于运动频率、强度和时间等多种因素)和运动处方实施进程(progression,运动水平进阶,通常分为适应期、提高期和稳定期),六要素也可以称为FITT-VP(六要素的英文首字母)原则。FITT-VP原则是运动处方的核心内容,无论是运动处方师,还是我们自己在尝试制定运动处方时,一定要遵循FITT-VP原则,这样才能真正做到科学健身。本书在后面章节介绍具体健身方法时,也同样会围绕这六个要素来表达每个健身计划的完整性。中国体育科学学会的运动处方(模板)、运动处方与药物处方的相似点分别如表2-1、表2-2所示。

5.训练计划、方案与运动处方

训练计划、运动方案与运动处方三者的内容和目的基本一致,都是为了确保健身的连续性和可控性,从而实现健身的科学性和运动效果的最大化。三者的服务领域有所不同,运动方案侧重于大众体育,训练计划侧重于竞技体育,运动处方侧重于医疗体育,而广义的运动处方一般包括运动方案和训练计划。目前,“运动处方健身模式”因其极具“量身定制”的个体针对性特点而广受政府部门与专家学者的推崇。

表 2-1 中国体育科学学会运动处方(模板)

<table>
<tr><td colspan="6">基本信息　　　　　　年　　年　　日</td></tr>
<tr><td>姓名</td><td></td><td>性别</td><td>□男　□女</td><td>年龄</td><td>岁</td></tr>
<tr><td>联系电话</td><td></td><td>家庭住址</td><td colspan="3"></td></tr>
<tr><td colspan="6">运动前复查评价</td></tr>
<tr><td>体力活动水平</td><td colspan="5">□严重不足　□不足　□中等　□较高　高□</td></tr>
<tr><td rowspan="4">健康复查</td><td colspan="5">身高________　体重________kg　体脂率________%</td></tr>
<tr><td colspan="5">疾病史:□高血压　□糖尿病　□心脏病　□肺脏疾病　□其他</td></tr>
<tr><td colspan="5">血液指标:空腹血糖________mmol/l,总胆固醇________mmol/l</td></tr>
<tr><td colspan="5">血压________mmhg,心率________次/分</td></tr>
<tr><td>进一步医学检查</td><td colspan="5"></td></tr>
<tr><td>运动风险分析</td><td colspan="5">□低　□中　□高</td></tr>
<tr><td rowspan="4">运动测试结果</td><td colspan="5">心肺耐力　□低　□中　□高</td></tr>
<tr><td colspan="5">肌肉力量与耐力　□差　□一般　□较高</td></tr>
<tr><td colspan="5">柔韧性　□差　□一般　□较高</td></tr>
<tr><td colspan="5"></td></tr>
<tr><td colspan="6">存在的主要问题和诉求:</td></tr>
<tr><td colspan="6">运动处方</td></tr>
<tr><td>运动目的</td><td colspan="5"></td></tr>
<tr><td>运动方式</td><td colspan="5"></td></tr>
<tr><td>运动强度</td><td colspan="5"></td></tr>
<tr><td>运动时间</td><td colspan="5"></td></tr>
<tr><td>运动频率</td><td colspan="5"></td></tr>
<tr><td>周运动量</td><td colspan="5"></td></tr>
<tr><td>运动目标</td><td colspan="5"></td></tr>
<tr><td>注意事项</td><td colspan="5"></td></tr>
<tr><td>运动目标</td><td colspan="5">短期:　　　　长期:</td></tr>
<tr><td>回访时间</td><td colspan="5">年　　月　　日</td></tr>
<tr><td>运动处方师</td><td colspan="5"></td></tr>
<tr><td>机构名称</td><td colspan="5"></td></tr>
</table>

表 2-2 运动处方与药物处方的相似点

名称	类型	剂量	总剂量	干预/治疗周期	注意事项
运动处方	运动方式	运动的时间、频率和强度	每个计划的运动总量或能量消耗	运动处方实施进度	运动的注意事项
药物处方	药物名称	药物的服用药量和次数	某一疗程的总药量药物总量	药物使用进度	药物使用的注意事项

6. 科学健身的流程

参照中国体育科学学会在 2019 年“运动处方制定与实施规范”中所界定的关于运动处方的实施流程，科学健身的流程同样包含以下九个环节：健康信息筛查（家族史、疾病史、体力活动水平等）、医学检查（心率、血压、心电图、血脂、血糖等指标）、运动风险评价（自我筛查与专业筛查）、体质测试及评价（心肺适能、肌肉适能、柔韧适能）、制定运动处方（运动目的、FITT－VP 原则、运动目标、注意事项）、实施过程监控及微调整、实施效果评价、根据评估结果调整运动处方、实施效果再评价并修订运动处方。在制订运动计划时，建议大家参考中国体育科学学会的“运动处方模板”。科学健康的流程如图 2－1 所示。

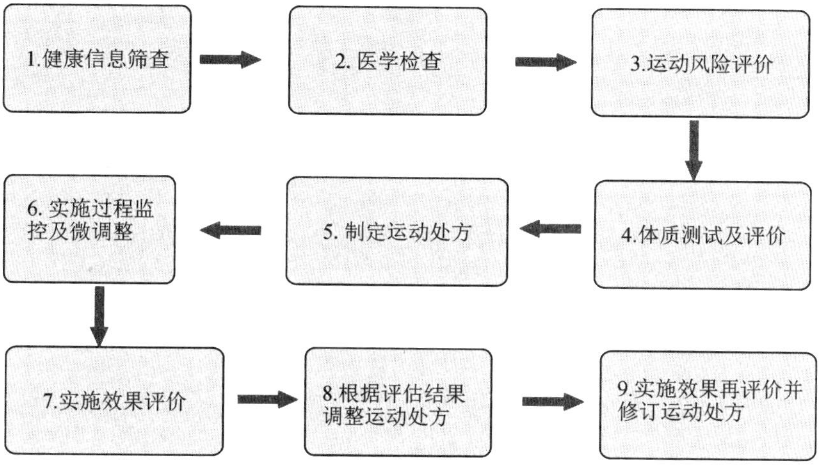

图 2－1　科学健身的流程

7. 每次健身的三个步骤

体质健康的改善、运动技能的获得、运动水平的提高都来自每一次健身成效的正向累计，每次健身的组成结构主要分为三个步骤。

1）准备部分（准备活动）

准备部分包括热身活动与伸展练习，主要作用是克服身心惰性状态，调动机体的生理机能状态。

2）基本部分（健身内容）

基本部分包括合理安排各种身体素质的练习内容与运动量，主要作用是完成健身目标的各项任务。

3）结束部分（整理活动）

结束部分包括放松活动和拉伸练习，主要作用是消除基本部分所形成的身心的紧张状态，尽快解除运动性疲劳的程度。

每一次的健身活动是整个运动方案的基本组成部分，其完成质量直接关系到我们所设定的健身目标的完成程度。所以，每一次健身活动的计划性、完整性（健身任务、健身内容、运动手段方法、组织形式、运动强度、安排顺序等要素）是至关重要的，准备部分、基本部分和结束部分三个基本步骤在每一次健身活动中都是不可删减的。图 2－2 是准备活动的形式例举示意图。

图 2－2　准备活动的形式例举

8. 每个健身步骤的具体任务

健身步骤是指健身诸因素的组合顺序，健身因素包括人的因素（健身者、教练、同伴）、物的因素（场地、器材）和健身内容、时间等。如果各因素的组合合理，每次健身的综合效应就大。虽然健身各个因素的组合是复杂多变的，但是无论哪种类型的健身，其基本结构是由于人体机能活动变化的规律所决定的，每次健身的三个步骤任务是相同的。

1）准备部分

准备部分的任务是激活健身者机体的神经系统并提高其兴奋性，克服机体机能活动的生理惰性，激活各器官系统的机能，以适应更高强度练习的需要。准备活动能够唤起身体活力，使机体各器官系统的机能逐渐步入最佳工作状态。其原因是：提升肌肉中毛细血管开放的数量；增加肌肉与韧带的延展性和弹性；增加关节腔内的滑液分泌。准备活动的程序首先是热身活动，一般选择 5～8 分钟的慢跑或快走等行进运动，微微出汗是比较可取的状态，其目的是提高体温、心率，加快呼吸频率，提高血流量，从而有助于氧气和营养物质更快地运送至相关的组织细胞。准备活动的第二个程序就是对关节的动员，一般选择 5～8 分钟的徒手操伸展练习，或者也可进行静态的肌肉拉伸练习，此时对每个肌肉群的拉伸持续时间大约 5～10 秒，因为过长时间的拉伸练习不利于肌肉力量的集中而降低健身质量。徒手操与静态肌肉拉伸练习的目的是增加关节腔内滑液的分泌以提高关节的灵活性，从而防止健身活动中关节因活动幅度问题而出现意外的伤害事件。准备活动的最后一个程序是动态的肌肉活动（如小步跑、高抬腿、跳跃、灵敏性练习等），目的是快速激活人体的运动系统和神经系统并提高其兴奋性。

2）基本部分

基本部分是每次健身的主要部分，练习时间占每次健身时间的 60%～90%。其任务就是完成目标素质的练习内容，可以再细分为引导性练习（目的是提高健身兴趣，以灵敏性、协调性等练习为主）和主体练习（以力量、耐力、柔韧性等练习为主）。安排好健身内容的顺序是基本部分的中心内容，如进行综合性健身活动，其顺序应是技术在前、体能在后；如进行身体素质练习，则应以“柔韧→灵敏→力量→耐力”的顺序练习；如进行力量练习，应以“大肌肉群→小肌肉群”（胸肌、背部、臀部、大腿等属于大肌肉群，手臂、肩部、腹肌、小腿属于小肌肉群）的顺序练习，技能练习应以“基本技术→组合技术”或“基本技术→成套技术”的顺序进行排序。

3）结束部分

结束部分的主要内容是进行放松与拉伸练习，目的是消除基本部分练习后的生理上和心理上的紧张程度。每个肌群锻炼后都需要足够的时间休息，最后这个环节一定不能忽视，运动后的静态拉伸有利于防止肌肉酸痛疲劳。高效的拉伸活动不仅可以提高人体的柔韧性、降低人体的僵硬性、利于健身效果的最大化，还能提升人体新陈代谢、促进运动性疲劳的恢复、优化健身效果。

9. 运动强度与运动量

外部身体活动越剧烈，人体内部机能状态的改变就越明显，生理负荷的量值就越大。体力活动与健康的关系越来越受到人们的重视，经常性的锻炼可以预防疾病发生、延缓疾病进程。运动量是指人体在体育活动中所承受的生理负荷量，也称运动负荷，它是由完成练习的数量、强度、密度、时间以及动作的准确性和运动项目特点等因素决定的。有学者在研究中国人运动种类和代谢综合征的关联时，对每种运动的频率和时间进行分组，发现每周打太极拳的时间每增加 1 小时，发生代谢综合征的危险度可以降低 5%；每周跳广场舞的时间每增加 1 小时，发生代谢综合征的危险度可以降低 9%。1 小时各项运动形式的能量消耗如表 2－3 所示。

表 2-3　1 小时各种运动形式能量消耗

运动形式	能量消耗量	运动形式	能量消耗量
游泳	4337 焦耳	慢走	1067 焦耳
快走	2323 焦耳	洗碗	569 焦耳
骑脚踏车	770 焦耳	打高尔夫	779 焦耳
做健身操	1256 焦耳	洗衣服	477 焦耳
打网球	1473 焦耳	练武术	330 焦耳
滑雪	1482 焦耳	插花	477 焦耳
慢跑	2742 焦耳	泡澡	703 焦耳
爬楼梯	2009 焦耳	打桌球	1256 焦耳
仰卧起坐	1808 焦耳	有氧运动	1055 焦耳
遛狗	544 焦耳	跳绳	1875 焦耳
熨衣服	502 焦耳	看电视	301 焦耳
快跑	2930 焦耳	打扫卫生	954 焦耳
工作	318 焦耳	打拳	1884 焦耳
骑马	1155 焦耳	郊游	1005 焦耳

美国学者爱因斯沃斯(Ainsworth)在 1993 年首次发表了有关《体力活动概要》的文章,给出了各种体力活动的代码,并在 2000 年又发表了《体力活动概要》的更新版。《体力活动概要》按活动目的、类型和强度对体力活动进行划分,制定了一套完整的体力活动编码系统,每种体力活动的代码为 5 个数字,代表了各种状况下进行的特异性体力活动,同时给出了各种代谢当量(MET)强度水平。体力活动能量消耗编码表作为体力活动能量消耗的分类和评估工具在国外已被广泛接受和应用。比如,按照 WHO 及多个国家的身体活动指南,为了维持健康和预防疾病,每周应进行 150～300 分钟中等强度或者 75～150 分钟较大强度的有氧运动和 2～3 次力量练习。而这些体力活动的确定也主要参考了体力活动概要中的数据。运动量可以用代谢当量强度与每周或每天所用时间的乘积表示。体力活动能量消耗编码表包括 21 个大类及 821 个体力活动项目,通过体力活动能量消耗编码表可以查到每种运动的代谢当量强度,通过计算运动频率和时间得到总运动量,用总运动量可以衡量我们在某段时间内的体力活动水平。

运动强度是指人体肌肉在单位时间内所做的功(即人体所做的功率),也可指个体单位时间内的运动量,分为绝对强度和相对强度。绝对强度是指人体在活动期间总的能量消耗,不考虑个体特征的差异,通常以单位时间内的消耗量表示,也可以用最大摄氧量、最大心率或代谢当量表示。相对强度是指做某种运动时与一个人本身的能力相比所达到的运动水平，通常以个体的最大运动能力的百分比表示，如最大摄氧量、储备心率、代谢当量、力量练习强度和主观感觉强度的百分比等。一般认为，规律的健身运动和生活活动、持续运动和分多次运动（如持续步行 60 分钟和步行 6 次、每次 10 分钟）效果是相同的，高强度运动比低强度运动在达到相同健康效果时花费更少的时间。比如，30 分钟中等强度（3～4 MET）的锻炼就相当于进行 15 分钟高强度（6～8 MET）的锻炼。在相关文献资料中对运动强度有十种以上的表述方法，各种运动强度表述中又有不同的等级划分。以前期的文献资料为基础，美国体力活动指南把各种运动强度的级别以五个常用指标（最大摄氧量、储备心率、代谢当量、力量练习强度和主观感觉强度）统一划分为五级，以便于大众的理解及参照。运动强度的五个级别分别为低、较低、中、较高、高。高强度（最大强度）运动是指人体持续以最大速度或最大力量工作（肌肉快速紧张工作）的运动，一般持续时间为 6～25 秒，如 100 米跑、200 米跑、50 米游泳、短道速滑等周期性运动，以及跳高、跳远、投掷、举重和跳马等非周期性运动。较高强度（次最大强度）运动是指人体快速紧张工作能持续 30 秒到 2 分钟的运动，如 400～1000 米跑、100～200 米游泳等周期性运动，以及自由体操、武术、散打、摔跤和拳击等非周期性运动。中强度运动一般指人体紧张工作能持续 3～25 分钟的运动，如 5000 米跑等运动。较低强度运动则指人体能持续 30 分钟以上的周期性运动，如马拉松、公路自行车、长距离游泳和越野滑雪等运动。个人可以根据自己相对熟悉和便于监测的任一指标作为依据，来规划自己的运动强度并实现不同的运动目的。

10. 适宜健身的时段

健身周期应该要遵循如下一些自然规律：

1）从人体机能的角度来看

“生物钟”对于人的体能是有规律性影响的，身体的活力一般而言是在傍晚左右达到一天的高峰。具体的表现有：机体的新陈代谢一般在 16：00—17：00 达到最佳状态，而且机体的柔韧性和灵敏性等活力也在此时达到顶峰状态；心率和血压调节的平衡在 17：00—18：00 达到最优状态；机体内激素的活性在 16：00—19：00 达到高峰，机体的适应性和神经系统的机能也在此时达到顶峰状态。所以，傍晚前后（16：00—19：00）进行健身活动可能是较好的选择。

2）从空气质量的角度来看

目前大多城市早晨和晚上的空气污染程度相对严重，而中午和下午空气相对清新。所以，清晨时光并非像我们传统所认为的那样是一天之中的最优时段。如果时间条件允许的话，健身活动建议最好选择在上午十点或下午三四点之后来进行。如果时间条件有限，晨练的活动场所放在室内（尤其是春冬季节）较好。

3)从进餐时间的角度来看

餐前餐后进行健身活动极易引起血糖的波动以及影响肠胃的消化吸收，所以最好把健身活动安排在饭后半个小时以上。另外，晚上健身要注意控制运动强度和运动量，强度过高或时间过长可以引发交感神经兴奋而影响睡眠质量。人体生物钟示意图如图 2-3 所示。

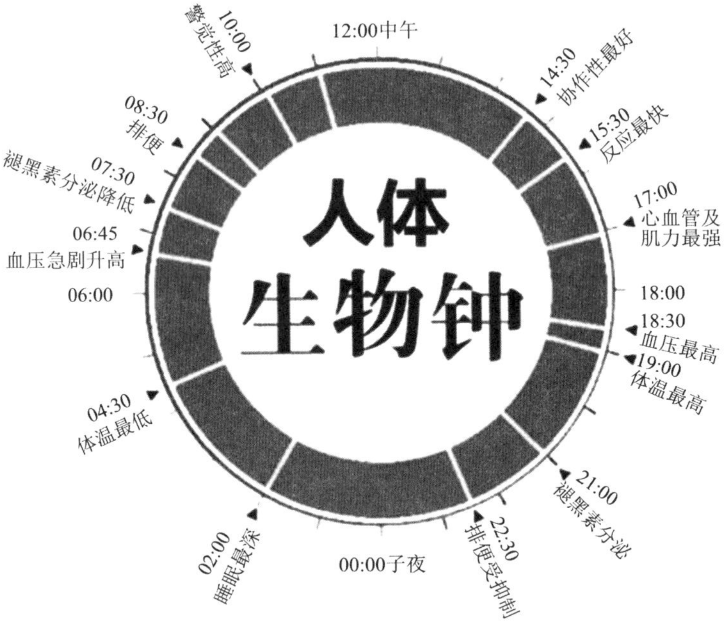

图 2-3　人体生物钟示意图

2.1.2　拓展资料

1. 运动处方的历史演变

运动处方是在应用了两个多世纪的自然体育的经验总结中，在现代科学日新月异的发展中，逐步形成和壮大起来的新兴的健身指导方案。早在古希腊希波克拉的论著中，就可以发现运动处方的早期萌芽。20 世纪 50 年代，美国生理学家卡波维奇首先提出了现代运动处方的概念。1953 年，西德的黑廷格发现不同持续时间和强度的运动可以对身体产生不同的效能和作用，从而引发了对运动处方研究的开端。1954 年，德国在运动处方领域进行了大量的研究与实践，研发出各年龄段的运动处方并进行了积极推广，在指导市民科学健身和提升市民体质健康水平方面取得了显著的成效。1960 年，日本的猪饲道夫最早明确应用了“运动处方”这一学术名词，而后得到了 WHO 的采纳并在国际上得到了一致认同。此后，运动处方以在治疗领域为开端，继而发展了保健运动处方、健美健身运动处方、康复健身运动处方等更为繁荣的研究和应用分支。1970 年，日本的体育科学中心研发出了适用于多个年龄阶段的运动处方计划，并实际应用于指导大众进行科学健身，此举对运动处方的推广做出了巨大的贡献。1980 年，日本又提出了在大众层面推广运动处方理念以及依据运动处方理念改善运动设备的两项基本任务，而且首先在日本的各类学校里大力推行运动处方的教学模式改革，这些推广在学校增强学生的体质健康水平方面，相对于传统以运动为主的教学模式，取得了更大限度的体育教学效益。美国关于运动处方的研究同样始于 20 世纪 60 年代，首先是在大学（路易斯安那州大学保健体育系）里专门开设了运动处方的教学课程。其中，ACSM在运动处方的推广和研究中发挥了中流砥柱的影响力，其出版的《运动测试与运动处方指南》每年都综合并分析了全球各国专家的研究成果。《运动测试与运动处方指南》自 1975 年出版至今已经到第 11 版，此书目前仍是运动处方的权威书籍。1990 年，美国政府研制了一个以运动处方为基础理论的全国性健身计划，目的是指导大众进行科学健身，降低心理压力。该计划在美国政府的高度重视和大力推广下得以顺利实施，美国的国民体质也因此得到了立竿见影的提高。另外，美国在学校体育领域也大力推行运动处方的教学模式改革，直接教授学生关于运动处方的基础知识，从而使学生能够独立地制订自身的健身计划，最终达到体育知识和技能在离开学习之后产生长期效果的目的。1985 年，加拿大出版了《健身运动处方》，作为一本运动处方领域研究的实用教材，此书在加拿大的社会范围内引发了极大的关注和认知度。相对而言，中国接触运动处方的时间较西方发达国家要晚，20 世纪 80 年代末，《体育学通讯》（中国高等教育协会体育研究会主办）对国外的运动处方研究信息进行了连续性的推介，这对运动处方的广泛宣传起到了积极的作用。随着中国学者对这一新兴健身模式的初步了解，引发了一波对于运动处方的研究热潮（以医疗康复运动处方、肥胖人群运动处方、老年人运动处方为主）。三十多年来，关于运动处方领域的研究愈发得到了关注，其研究成果以及应用领域也逐渐累积起来，涉及领域从医疗康复逐步扩大到强身健体、运动训练、预防疾病和体育教学等层面。当然，我国关于运动处方的研究与应用仍然不能算是成熟（例如研究多侧重于局部及微观层面，在系统性、逻辑性和统一性上存在某些不足，尤其是在运动处方的落地应用和推广方面阻力较大等），但是目前的成果积累已经在指导人们参与健身以及自觉制订个性化健身计划方面提供了借鉴资料，同时也为全民健身的推广和实施在方法上开拓了新的视角。目前，运动处方健身模式正在蓬勃发展，其发展趋势可以归纳为：系统化和商业化发展，身心全面化发展，预防医学功能性发展，个性化、自动化和网络化发展。

2. 运动处方的推广价值

随着“全民健身计划纲要”的推广实施，目前人们体育锻炼的观念发生了很大的变化，对健身的需求趋向于科学化、安全化和简单化。传统的锻炼模式更多地侧重于运动知识技能与技术的传授，而运动处方模式则提倡制订个性化运动方案。

制定运动处方必须要根据个体在体质测评上各个指标的差异，按照科学健身的FITT－VP原则来合理安排健身的强度、频率、时间、项目和进度，并且以个体的体质测评指标为依据检验健身方案是否合理、有效以及有指导意义。因此，运动处方的针对性和个性化的两个特点，在个体获得和理解自身基本健康信息、具备做出针对性健康决策能力、掌握基本健身知识和方法、形成健康的生活方式与行为、树立终身体育思想、崇尚体育精神等方面，具有明显的推广价值和现实意义。当前，从“健康中国”的视域下来研究和推广科学的运动处方，实施公民的自我健康管理及自我发展的体育锻炼模式，不仅有利于培养公民的科学健身素养，更有利于提高国民整体身体素质。运动处方是以客观现实的个体特征为根据的、个体目的性很强的循环式的锻炼模式，是一个融科学性、实用性和趣味性为一体的健身过程，具备自我调整、自我监测与不断优化的科学特点。运动处方健身模式突出个体的主观能动性与主体意识，这与大众目前不断增长的健身需求和健康要求是紧密联系的，这种新兴的健身模式符合当代社会“终身学习”的指导思想，对推动“健康中国”“全民健身”“全民健康”的实施具有很强的实践意义和推广价值。运动处方健身模式的收益如图2－4所示。

图2－4　运动处方健身模式的收益

3. 运动处方的政策依据

健康是基本的人权，保护人民的健康权益是中国共产党的光荣传统。在我国迈入全面小康社会的新征程中，在面临着人民群众不断增长的健康需求和我国的健康事业发展之间不均衡、不充分的矛盾之际，党和政府正在把人民的健康问题提高到国家战略的高度，早在2008年就历史性地提出了“健康中国战略”。中共中央与国务院在2016年制定了《“健康中国2030”规划纲要》这一新时代中国保障民生与增强体质的战略部署。《“健康中国2030”规划纲要》在第六章第三节明确指出，我国现时期需要“建立完善针对不同人群、不同环境、不同身体状况的运动处方库，推动形成体医结合的疾病管理与健康服务模式，发挥全民科学健身在健康促进、慢性病预防和康复等方面的积极作用”。对于“全民健身”“全民健康”而言，运动处方在中国的政策层面得以从研究领域浮出水面并被明确部署，能够得到承认并有望成为增强人民体质与推广健康生活方式的重要方式。尤其是在当前较低水平的国民体质健康形势下，作为非医疗健康干预的重要方法，运动处方一定可以得到国家和社会的广泛推广，也必将成为促进健康中国实施的、重要的依托手段。

4. 健身素养与科学素质

科学素质是公民素质的组成部分之一，而健身素养则是科学素质的重要组成部分。提升公民的科学素质是我国《全民科学素质行动规划纲要(2021—2035年)》实施的起点和落脚点。《全民科学素质行动规划纲要(2021—2035年)》强调国民的全面发展，并要求在一定的时期内推动我国形成终身学习和全民学习的学习型社会。身体健康是促进人类全面发展的物质基础，而健身素养是国民自身素养的组成部分，只有构建完整的健身素养才能科学地(合理选择运动项目、运动方法、运动内容、运动时间、运动强度等)、自觉地进行运动锻炼，才能形成健康的运动习惯并最终提升生活质量。《全民健身计划(2021—2025年)》的核心任务和目标之一，就是要普遍提升城乡居民的运动体育健身意识和科学健身素养，要使自觉的健身习惯成为更多人的基本生活方式。掌握科学的健身知识、健身方法、健身技能，树立终身体育思想和崇尚体育精神，有能力应用运动规律去处理和解决现实的健身问题，具备一定的体育组织能力，是健身素养的核心内容。因此我们认为，健身素养与科学素质核心内容的组成架构高度一致，是科学素质的重要组成部分，是当代人在社会生活中参与科学锻炼从而增强体质的基本条件。

5. 健身内容的安排建议

在制订运动方案(如周计划、月计划等)、安排健身内容时，应遵循健康体适能的发展规律以及体育运动规律，具体如下：

(1)平时的耐力练习可以以跑步为主要形式(时间和场地比较易于安排、实现)。此外，还应选择一些其他的多样形式(如篮球、足球等)，以避免个体对健身产生厌倦心理。

(2)身体相同部位肌肉的力量练习应该隔一天(或两天)进行，而不同身体部位的肌肉练习互不影响，可以同时进行。所以，如果个体对于力量素质发展的需求较高，可以通过变换不同的肌肉群从而实现每天健身的目的。

(3)柔韧练习应该持之以恒，在每次健身活动时都可以安排到计划之中。在准备部分和结束部分期间，建议安排短时的柔韧性活动(10分钟以内)，而长时间、针对性强的柔韧练习则需要单独安排到基本部分中。

(4)力量练习和柔韧性练习的采纳动作和练习部位在计划中应该有所变化，这样既可以使这两项素质得到整体改善，又有助于保持个体对健身的积极态度。

(5)如果时间比较充足,多项身体素质的组合练习效果最佳。当然,如果不能达到充足的时间条件,“动则有益”则是最好的健身原则。

6. 健身时间的安排建议

运动有益身心健康,很多人认为锻炼得越久越好、运动多多益善,其实这种观念是错误的。从时间长度来说,一般情况下每次锻炼的最佳时间长度应掌控在40～60分钟,少于40分钟达不到更好的运动成效,只有娱乐性的活动在60分钟后可能会仍然产生收益。从健身的频次而言,每天有合理的健身安排固然高效,但是一周3～5天的健身活动所产生的收益也是很好的,健身次数过于频繁也会容易获得负收益(运动成瘾)。所以总结起来就是,每次40～60分钟,一周3～5天,收益完全可以达到理想状态。不过并不是说所有人都要立刻调整到这个时间安排去,下面以上班族和在校学生为例。

1)健身总体时间的安排建议

(1)下午下班或放学至傍晚,建议安排日常健身活动,每周健身3～5次,每次20～60分钟(不包括准备活动和整理活动的时间)。

(2)周末的某个下午建议安排一次较为集中的综合性健身活动(尽量涵盖力量、耐力和柔韧性三个方面),每周集中健身1～2次,有效时长为1～2小时。

(3)晚九点左右,在室外建议安排跑步等有氧运动,在室内建议安排力量、柔韧性练习或以健身操为主的有氧运动。

(4)建议针对不同的素质(耐力、力量和柔韧)和不同身体部位的健身者,可以应用隔日交叉练习的方式,尽量节约健身时间。

2)不同素质的健身时段安排建议

(1)周末的下午建议安排以技能练习和耐力素质为主、力量素质和柔韧性素质等为补充的健身活动。

(2)周内的下午是较好的健身时机,如果时间充足,建议安排综合性健身活动,开展多项素质练习活动;如果时间有限,建议只安排1～2项素质练习活动。

2.2 有氧运动与抗阻运动

2.2.1 必读知识点

1. 能量代谢

能量代谢是机体内各组织器官功能实现的基础,运动时有三个供能系统为人体提供能量，分别是磷酸原（ATP－CP）系统、糖酵解系统以及有氧氧化系统。人体的三个供能系统是能量供应的连续统一体，有氧代谢（磷酸原系统和糖酵解系统）和无氧代谢（有氧氧化系统）以不同的比例同时存在于人体所有运动形式中，人体可以通过神经体液调节采取最为经济高效的方法供能，没有绝对的某一个系统的单独供能。在实际的运动实践中，人体是以哪个系统为主来供能，主要取决于运动的强度与时间。以有氧代谢为主的运动形式（长时间、低强度）称为有氧运动，以无氧代谢为主的运动形式（短时间、高强度）称为无氧运动。在运动的全周期，三个供能系统是全程参与的，其最终的能源供给是糖和脂肪的有氧氧化。

2. 有氧运动

有氧运动是指人体在氧气充分供应的情况下所进行的健身活动，有氧运动的运动强度是中等或中上的程度（60％～80％的最大心率），时间是约 30 分钟及以上。有氧运动在机体能量调节、血流量调节和运动中物质代谢等方面具有重要作用，其运动形式主要有步行、跑步、骑车、打太极拳、练瑜伽以及做普拉提等。有氧运动包括低、中、高强度三个层面的安排方式，比如高强度有氧运动可以用于耐力训练。有心肺功能锻炼要求的人，可以通过跑步机或自行车进行高强度的间歇性训练，此种健身形式对于人体的血压和携氧能力的干预作用是积极高效的。一般认为，持续时间少于 6 周的健身活动称为短期有氧运动，而持续 6 周或更长时间的健身活动则称为长期有氧运动。有氧运动的强度主要应用最大心率、最大摄氧量百分比、心率储备百分比和主观疲劳量表评分等指标。图 2－5 为各类提升心肺功能的有氧运动例举。

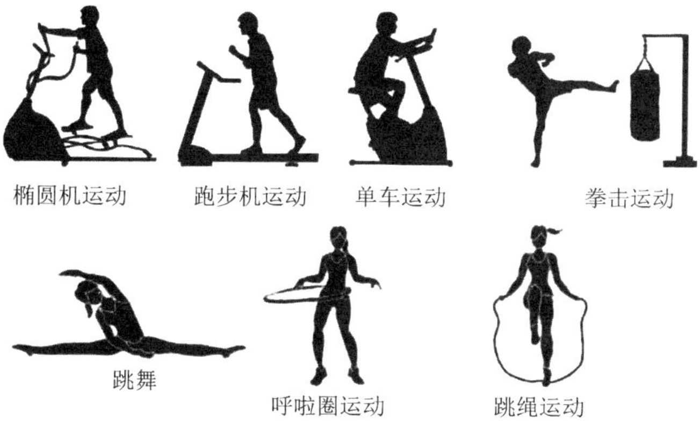

图 2－5　有氧运动例举

3. 抗阻运动

抗阻运动是指人体在克服外来阻力时所进行的健身活动，人体对抗阻力的大小可以通过控制器械（如杠铃、哑铃、沙袋、皮筋等）的训练强度来调整。抗阻运动主要是增加肌肉力量或是最大肌肉体积，广泛用于力量训练以及对抗增龄性和废用性肌萎缩的康复过程。抗阻运动同样是促进健康的健身形式，可以有效地降低心血管疾病发生率以及死亡率，能够有效地提高肌肉张力、改善骨密度、降低胆固醇含量、缓解疲劳以及心理抑郁等。抗阻运动的强度主要应用重复最大值（RM）指标，其运动计划中的要素主要是运动频率（每周的健身次数）和强度（阻力大小、重复次数和重复组数）。抗阻运动的健身周期和有氧运动相同，持续时间少于 6 周的健身活动称为短期抗阻运动，而持续 6 周或更长时间的健身活动则称为长期抗阻运动。图 2－6 为抗阻运动例举。

胸部卧推运动　　　　肱二头弯举

图 2－6　抗阻运动例举

4. 有氧与抗阻组合运动

目前，有氧与抗阻组合运动因其对身体功能大有裨益而广受推荐。两种运动的有机组合可以达到增强心肺功能与肌肉力量的双重目的，最常见的有氧结合抗阻运动的形式是步行和骑自行车。同样，持续时间少于 6 周的健身活动称为短期有氧与抗阻组合运动，而持续 6 周或更长时间的健身活动则称为长期有氧与抗阻组合运动。显然，长期的、合理的有氧与抗阻组合运动对人体的体质健康更为有效。

5. 有氧运动与脂肪燃烧

健身界有这样一个观点：人体在有氧运动的前 30 分钟都是在消耗碳水化合物，只有超过 30 分钟以上才能够燃烧脂肪。而且在做有氧运动时，必须要达到一个燃烧脂肪最有效的心率，即最佳燃脂心率。然而，这个观点是一个认识误区。

（1）进行有氧运动 29 分钟是否会燃烧脂肪？人体内是否有一个特殊的开关，刚好运动到 30 分钟的时候就开始燃烧脂肪？答案显然是否定的，人体无时无刻不在燃烧脂肪，在任何情况下（运动或休息），任何供能系统都不能单独提供给人体所有的能量。这个认识误区的主要原因是混淆了脂肪供能的比例与脂肪供能的总量的区别。随着运动强度从低到高，脂肪供能的比例越来越低，但这并不意味着脂肪供能的总量也会降低。例如，我们在相对安静时（静坐、读书等）主要就是脂肪在供能，虽然此时脂肪供能的比例最大，但此时人体消耗的能量非常小，脂肪供能的总量是很低的。而我们在进行跑步或快走等时，脂肪供能的比例虽然降低了，但脂肪供能的总量却随着人体耗能总量的提高也有了大幅提高。当然，如果能持续运动 30 分钟以上，必然会更加有助于燃烧脂肪。所以，通过中低强度的有氧运动进行减脂（燃烧脂肪），应该在于提高脂肪供能的总量，而不是单纯地追求提高脂肪供能的比例。

（2）关于最佳燃脂心率，也存在与上述类似的问题。比如，我们在做高强度间歇有氧运动（HIIT）时，人体虽然以碳水化合物供能为主，但是之后机体仍然会保持一个较高的能量消耗水准，可以在更短的时间里达到减脂效果（这也正是 HIIT 的优势所在）。而当人体在进行 HIIT 时，其心率往往会超过最大心率的 70%，并没有保持在所谓的最佳燃脂心率。因此，单纯通过运动时的心率来判断脂肪燃烧的效果是不准确的。

（3）人体确实会在有氧运动初期更加依赖碳水化合物而不是脂肪来供能，但是这并不意味着我们必须要一次性运动 30 分钟以上才有减脂效果。事实上，燃烧脂肪（减脂）的本质就是创造人体运动后的热量缺口，至于创造这个热量缺口是通过什么样的运动形式、强度以及时间安排并不重要，无论何种形式的运动都有助于燃烧脂肪和热量，燃烧脂肪的总量比提高脂肪供能的比例更加重要。当然，“科学健身＋饮食控制”才是创造热量缺口的最有效的方式。

2.2.2　拓展资料

1. 有氧代谢

有氧代谢是指机体在氧气供应充分时，通过有氧氧化供能系统对能源底物进行氧化分解，从而向人体各个器官提供所需能量的过程。有氧代谢对于机体而言，是肌肉收缩活动过程中最主要的供能系统，也可以说是人体运动能力的基础，所有的体力活动都需要有氧代谢的能量支持。反映人体有氧代谢能力最常用的指标是最大摄氧量，最大摄氧量同时也是反映人体心肺功能的主要指标。心跳次数也可以作为间接反映有氧代谢能力的指标。最大摄氧量的影响因素是多层面的，其中主要包括肺的通气功能和换气功能（肺活量）、肺泡中血液交换氧气的能力、心脏的泵血能力（每分输出量）、血液运输氧气的能力、血液的分配协调能力、各个细胞摄取和利用氧气的能力等。有氧代谢能力是能量代谢的基础，包括无氧供能为主的运动，其恢复能力也主要取决于有氧代谢能力的强弱。

2. 无氧代谢

无氧代谢是指机体在氧气供应不足时，通过无氧供能系统（磷酸原系统和糖酵解系统）对能源底物进行分解，从而向人体各个器官提供所需能量的过程。无氧代谢能力反映了人体在缺氧条件下进行高强度运动的极限供能机能，在无氧条件下，这种机能效率通常用短时间内发挥出最大力量(举重)和最快速度(短跑)的做功快慢程度进行判断。其中,最高无氧功率是反映肌肉在短时间内产生高机械功率的主要指标,可用于评价和判断磷酸原供能系统的能力水平。平均无氧功率则是反映肌肉在一定时间内维持高功率输出能力的指标,是用于评价和判断糖酵解系统供能能力的指标。无论是速度力量类项目还是耐力类项目,无氧代谢能力都是运动员在竞技赛场上获得优异成绩的重要因素。

图 2-7 为运动时物质和能量代谢体系。

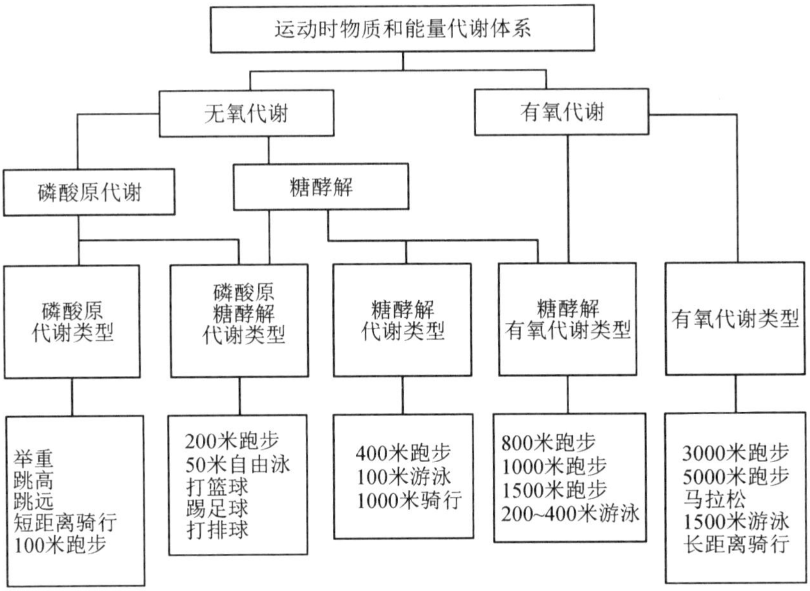

图 2-7 运动时物质和能量代谢体系

2.3 运动与营养补充

2.3.1 必读知识点

1. 营养对运动的支持

科学合理的膳食营养是健康生活方式的重要组成部分,健身者的膳食习惯和他的身体成分、能量供给、运动后恢复速度、体质健康水平乃至运动成绩等都是息息相关的。合理的营养(平衡膳食)可以让各年龄阶段的人最大限度地保持良好的状态。运动营养对健身者的影响和作用是多方面的,具体如下。

1)使健身人群具备健康良好的体质

在全民健身不断推进的今天,通过科学的体育锻炼来实现健康体质的目标是人们的根本追求。但需要注意的是,科学的锻炼不仅仅是参与体育运动,还需要注重运动膳食与营养,保持营养的均衡是关键所在。合理膳食可以成为运动健身人群参考的依据,从而使健身者以科学的营养膳食来调节自己的饮食习惯。

2)增强运动专项的能力

膳食营养对不同运动具备不同的作用。坚持科学的运动膳食与营养,不同营养的摄入保持均衡性,满足运动所需,对参与运动的人群掌握运动技能、更好挖掘运动潜能具有重要意义。对运动员来说,专项技能需要专业的运动膳食营养来提供支持,它能为运动员的综合成长提供坚实保障。运动膳食营养对参与运动的人群的影响是多方面的,有较强的正向作用。为此,要把握运动膳食营养强调的侧重点,科学训练,合理饮食。图 2-8 为运动营养食品的分类。

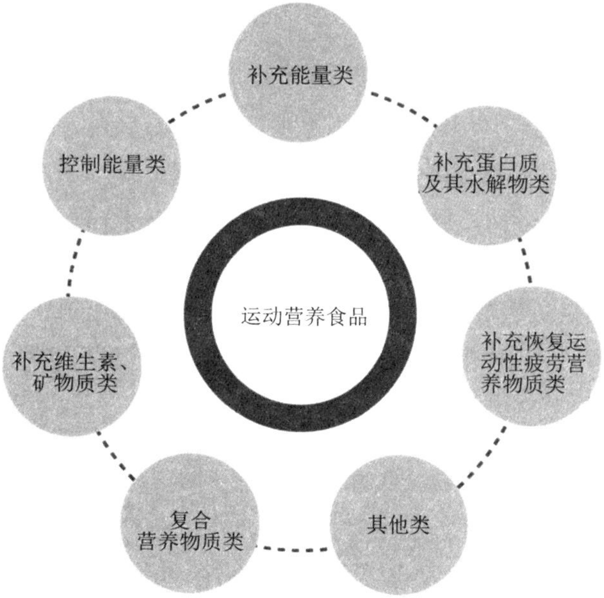

图 2-8　运动营养食品的分类

2. 运动营养与免疫力

营养是人类健康的一个重要因素,对机体的免疫功能也发挥着重要的作用。大量的流行病学资料和循证医学证据显示,营养缺乏会明显降低人体的免疫力,增大了人体感染病毒的危险性。没有单一的营养元素或膳食补充可以预防病毒或治疗疾病，营养支持是通过减少氧化应激和增强免疫力来帮助人们降低病毒感染的风险或减轻症状的。某个品类的营养素摄入不足就有可能导致人体免疫功能的改变(营养不良)；同时，过量营养素的摄入也会对人体的免疫力产生不利的影响(肥胖症)。图 2-9 为运动营养与免疫力的口号。

图 2-9　运动营养与免疫力口号

3. 不同项目的营养需求

从不同项目膳食特征的角度来看，每个运动项目的膳食需求的表现是显著不同的，具体如下。

1)速度类项目的膳食特征

以短跑为主项的运动员群体，他们的运动条件往往伴随着中、高度缺氧状况，其体内的主要能源供给来自磷酸原系统和糖酵解系统。例如，在 100 米短跑训练或比赛中，机体内部的磷酸原与糖酵解系统供能占据这项运动所需能量的 98%左右。与之相应的，这项运动对运动员体内的糖类、维生素 C 以及维生素 B12 的需要量会明显地高于其他项目。另外，针对性地补充蛋白质和磷元素含量较高的食物也能达到速度类项目的营养均衡的膳食要求。

2)耐力类项目的膳食特征

耐力类项目(马拉松、竞走、长距离游泳等)在每一个特定的单位时间内所需要的能量供给并不高，但是在运动整体上累计的消耗量很大。耐力类项目的能量代谢以有氧氧化系统供能为主，应该着重加强蛋白质、脂肪等物质以及大量糖分的补充，以满足能量消耗。

3)力量类项目的膳食特征

力量类项目强调运动员的爆发力和肌肉力量，在膳食营养物质的需求特征上，应该注重对蛋白质和维生素 B12 的补充。在高强度的训练后，每公斤体重应补充蛋白质 2 克以上。另外，还要根据运动员肌肉神经系统的表现情况，在训练前后适当地补充钠、钾、钙、镁等膳食元素。

4. 营养补充剂与运动

一直以来,营养补充剂在健身界与运动界成为备受争议的话题之一。近几十年以来,更多的健身者和运动员开始使用更多的营养补充剂。目前,各种类型的营养补充剂更是给健身者、运动员和教练员造成了选择上的困扰。当然,市面上的大部分营养补充剂尚缺乏足够的实验数据来证实它的有效性,但是研究调查指出,绝大部分的健身者依然认为使用营养补充剂能够有助于他们对运动健身的依从性,可以帮助他们达成健身目标、提升运动成绩以及维持体质健康。目前的营养补充剂可以归纳为以下几个品类:

(1)已经有充分的实验证据证实营养补充剂对人体机能是有效的,如蛋白质和氨基酸补充剂、肌酸、咖啡因、可以缓解酸性环境的碳酸氢钠、能量凝胶、能量棒等。

(2)预测对人体机能可能有效但目前缺乏足够的实验数据进行辨伪的,如谷氨酰胺、牛初乳、HMB(β-羟基-β-甲基丁酸盐)和核糖等。

(3)号称对人体机能有效但经证实效果不明显的,如肉碱、吡啶羧酸铬、辅酶Q10、共轭亚油酸、蜂花粉、二羟基丙酮、冬虫夏草、细胞色素C、人参、肌苷、谷维素、丙酮酸、中链甘油三酯、含氧水和钒等。

(4)对人体机能会造成健康威胁而被禁止使用的,如脱氢表雄酮、雄烯二酮、19-去甲基雄烯二酮、19-去甲基雄烯二醇和其他固醇类激素,刺蒺藜、麻黄、马钱子碱及生长激素等。

国际奥林匹克委员会以及大多国家的奥林匹克委员会曾经发布过明文禁止运动员使用的一些营养补充剂,并且在赛事之前或是在训练之中实施"运动员尿液抽查"等相关制度,以确定违禁补剂是否在非法使用。所以,健身者应该明确自身所使用的营养补充剂是否会产生某种有益的效应或是有可能产生对健康不利的作用,只有有的放矢、全面权衡才会规避风险并获得更好的效益。

5. 运动营养的发展趋势

人们对运动营养的认知从最初的空白到目前存在的各种学说与流派,运动营养学领域的理论和实践层面都得到了实质性的发展。营养膳食在维护健康、避免疾病、提升身体素质和运动成绩等方面扮演着至关重要的角色。现代人对生活质量与寿命长度有了更高的追求,将健身活动养成习惯的人数日趋增加,运动营养的重要性和广泛性正在被民众所关注、重视和接受。运动营养的指导模式也正在从最初的大众化、笼统化和模糊化,逐渐发展到现在所倡导的个性化、细节化和专业化。未来提供给健身者的营养策略,应该以实验数据为证据,还要以相关的生物标记进行纵向的基础性监控,这样才能有理有据地针对不同健身方式、体能水平、运动经验、年龄以及性别的个体制定出不同的营养需求标准。未来营养补充剂的有效性、安全性、均衡性、规范性和合法性将是健身者和营养专家所追求的总体目标。图2-10为不当的运动药品举例。

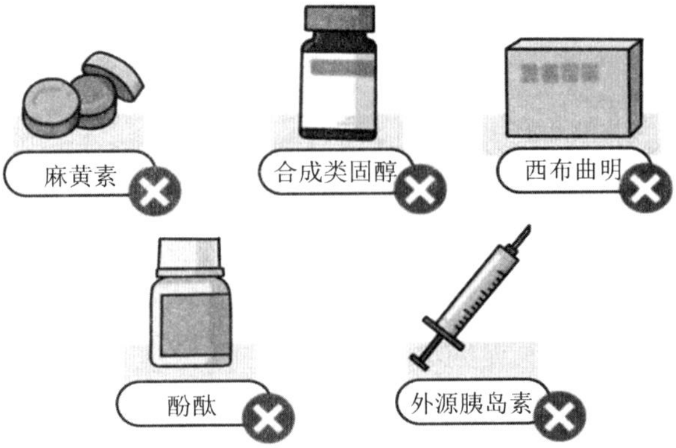

图 2-10　不当的运动药品举例

2.3.2　拓展资料

1. 碳水化合物与运动

1)碳水化合物的定义

碳水化合物包括单糖类(如葡萄糖、半乳糖、果糖等)、低聚糖类(如麦芽糖、乳糖、蔗糖等)和多糖类(如淀粉、糖原、纤维素等)三类。也可以分成两类:第一类是机体可以吸收并转化为能量加以利用的单糖、双糖、多糖;第二类是机体不能直接吸收和直接利用的纤维素(也是人体必需的物质)。碳水化合物是自然界中主要的有机化合物,同时也是人体的主要能量来源。营养学中所讲的糖,指的是简单的碳水化合物,并不包含淀粉与膳食纤维等复杂的碳水化合物。所以,碳水化合物是包含了糖类的,糖只是碳水化合物大家族中的一类。

2)日常饮食建议

简单碳水化合物可以适当摄入,当碳水化合物摄入过剩时就会变成脂肪堆积,最后引发肥胖等系列疾病。复杂碳水化合物则在身体确实需要且满足热量摄入需求的情况下自由摄入即可。因碳水化合物缺乏而引起疾病的情况很少发生,因为食物中普遍含有碳水化合物。然而,我们不应该从饮食中完全去除碳水化合物,因为在没有碳水化合物的情况下,人体会消耗蛋白质作为其能量的来源。

3)运动与补糖

在运动中能源物质的消耗状态取决于运动强度、运动时间、身高、体重、性别、年龄以及体能水平。假设其他条件是一致的,随着运动强度的提高,碳水化合物参与人体内部供能的相对比例也在提高,而且随着运动时间的延长,碳水化合物的供能形式也从肌糖原逐渐地转变为血糖供能。在高强度运动中保持充分的糖分摄入对保持运动机能具有至关重要的作用。对每天训练超过 2 小时的大运动量的健身者来讲，为确保其在运动后肝糖原和肌糖原恢复到正常的水平，每天所摄入的糖量应控制在每公斤体重 8～10 克。葡萄糖是人体产生免疫细胞（包括淋巴细胞、巨噬细胞、中性粒细胞）的重要物质，在运动期间补充糖分能够降低血浆皮质醇含量的提升，通过维持血糖水平而降低运动时应激激素的提升幅值，延缓运动所引发的免疫抑制。专家认为，碳水化合物的建议摄入量应根据个体的体型、重量、身体成分等具体情况而有所不同，建议每天每公斤体重一般摄入 6～10 克的碳水化合物。运动前的膳食摄入应该以碳水化合物为主，辅以较少的脂肪、适量的蛋白质和纤维素，以此种方式来维护血糖的理想水平并促进胃排空和规避肠胃的不适感。在运动期间，为了补充已大量消耗的能源物质，可以每小时摄取 30～60 克的碳水化合物以维护血糖水平，这对于需要连续运动 1 小时以上的耐力类运动项目更加重要。运动之后，进行营养补充的目标是增进肌糖原的重新合成和加快运动后的恢复速度。高强度、长时间的运动基本上已经耗尽了肌糖原的储备，建议在健身后的 30 分钟内补充每公斤体重 1.5 克左右的碳水化合物，在之后每 2 小时建议重复地补充等量的碳水化合物，采用这种补糖方式可以在运动后的 4～6 小时将肌糖原的储备恢复至运动前的水平。另外，相对于果糖，补充葡萄糖和蔗糖对于运动后促进肌糖原的合成更为有效。图 2－11 为碳水化合物的来源举例。

图 2－11　碳水化合物的食物来源举例

2. 蛋白质与运动

1）蛋白质的定义

蛋白质是由 20 种氨基酸按不同比例组合而成的有机大分子，它是构成生命细胞的基本有机物，是生命活动的主要承担者。蛋白质占人体重量的 16%～20%，人体中所有细胞的每一个重要构成部分几乎都有蛋白质的参与。蛋白质在人体内不断进行代谢与更新，在胃液消化酶的作用下初步水解，在小肠中完成整个消化吸收过程，每天有70克左右的蛋白质进入消化系统，其中大部分被消化和重新吸收，未被吸收的蛋白质由粪便排出体外。

2)日常饮食建议

首先，蛋白质是构建和修复机体的重要物质原料，人体的发育过程和受损细胞的更新与修复都不能缺少蛋白质的参与。其次，蛋白质也可以被分解，从而为机体的生命活动提供能量供给。

蛋白质摄取不足表现为：蛋白质缺乏在儿童和成人当中都有可能发生，处于发育期的少年儿童表现得更为明显。蛋白质缺乏症的常见表现是因机体的代谢率下降和抗病能力衰减而易患病症，长期效应是器官的损伤甚至衰竭。蛋白质缺乏症还会导致少年儿童生长发育迟缓以及身体质量骤减、水肿和贫血等。人体内蛋白质的缺乏经常与能量的不足共同存在，即蛋白质-热能营养不良。这种病症的一类表现是热能摄入基本满足但是蛋白质严重缺乏的营养性病症，称为“加西卡病”；另一类表现为“消瘦”，是指蛋白质和热能摄入都严重缺乏的营养性病症。

蛋白质摄取过量对人体同样是有害的。首先，过多摄取动物蛋白质就势必摄取过多的动物脂肪和胆固醇。其次，那些被过分摄取的蛋白质在脱氨分解成氮之后由尿液排出体外，这个代谢过程伴随着大量水分的消耗，这就必然给肾脏带来了过多的代谢负担。再次，摄取过量的动物蛋白也会导致含硫氨基酸的过量摄入，进而使骨骼中钙质的加速消耗而极易产生骨质疏松等病症。最后，当蛋白质在人体内转化为脂肪后其血液的酸性就会增加，形成对钙质的大量消耗而易造成骨质疏松。

3)运动与蛋白质

正常情况下，人体每公斤体重每天摄入1克左右的蛋白质是建议需求量。而进行高强度运动的健身者摄入蛋白质的量应该超过常人的每日摄入量(建议每公斤体重每天摄入1.5克)，从而维持氮平衡稳态。合理地提升蛋白质的摄取量对健身者有着很多益处，可以加快由于运动所引起的肌纤维微损伤的修复，可以促使在运动中利用蛋白质供能以及瘦体重的增加。运动员(特别是耐力类项目)每天的蛋白质摄取需求量大概是常人的2倍，如果蛋白质的每天摄取量小于每公斤体重1.2克，机体就有可能形成负氮平衡。研究证实，蛋白质摄取不足能够损害人体的免疫功能(尤其是T细胞的功能)，致使感染发生率提高。例如，健身者在快速减轻体重的过程中，体重减少4%就会明显出现吞噬细胞功能的衰退。运动时蛋白质营养缺乏而影响免疫功能的主要原因，可能是蛋白质摄取缺乏而最终导致的免疫系统的供能不足。当然，膳食中蛋白质摄取过多也会对人体的免疫功能产生潜在的危害。有研究证实，摄取富含蛋白质的食物4天后就会导致骨骼肌和血浆中谷氨酰胺的水平降低25%。而谷氨酰胺是肌肉组织和血浆中含量丰富的游离氨基酸，是白细胞重要的能量提供者，同时也是核苷酸生物合成的重要氨基酸来源物质。因此，在运动之后，如果血浆谷氨酰胺浓度降低，就有可能引发机体的免疫功能下降。而补充外源性的谷氨酰胺则能够有效地预防大运动量运动后机体免疫力的抑制状态。对于耐力类项目，专家建议运动员应该每天补充每公斤体重 1.2～1.4 克的蛋白质以维持氮平衡。一般认为，抗阻运动对蛋白质的需求往往会高于耐力类运动。所以，专家建议高水平的健美运动员和参与力量类项目的运动员应该每日摄取每公斤体重1.4～1.7克的蛋白质以维持氮平衡、提高瘦体重。图 2－12 为蛋白质的生理功能。

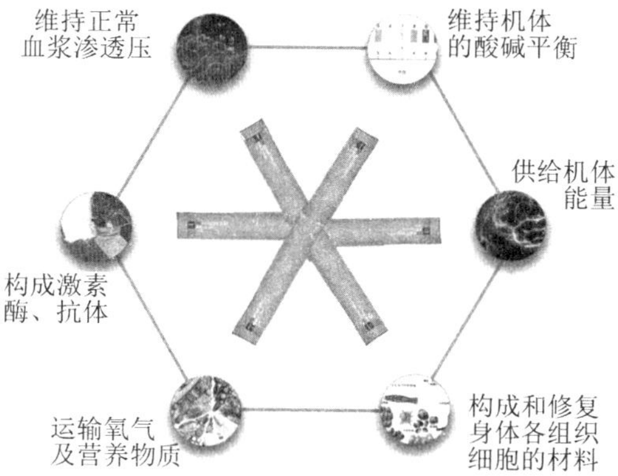

图 2－12 蛋白质的生理功能

3. 脂肪与运动

1)脂肪的定义

脂肪由甘油和脂肪酸组成，是人体的重要组成部分和主要的储能物质。脂肪不仅是人体的能量提供者，同时也是组成人体的重要成分(如磷脂是构成细胞膜的重要组分)。脂肪主要的生物功能是提供热能、保护内脏、维持体温、协助脂溶性维生素的吸收、参与人体的代谢活动等。另外，作为细胞表面物质的脂类，它与细胞识别和组织免疫等有密切关系。

2)日常饮食建议

脂肪的来源可分为动物性来源(如猪油、牛油、羊油、鱼油、骨髓、肥肉、鱼肝油、奶油等)和植物性来源(如芝麻、葵花子、花生、核桃、松子、黄豆等)。人体摄取的多数脂肪可以通过胆汁乳化形成小颗粒，然后通过胰腺和小肠内分泌的脂肪酶将脂肪酸水解为小分子(如甘油、短链和中链脂肪酸)，再经过小肠吸收最终进入血液。目前并没有脂肪的供给量标准提供给大家，不同地区由于其经济的发展水平和膳食习惯的不同，居民的实际摄取量具备很大差异。中国营养学会建议，日常饮食中脂肪的摄取量不宜超过总能量摄取量的 30%，其中饱和、单不饱和、多不饱和脂肪酸的比例应为1∶1∶1。

脂肪摄入不足的表现：脂肪对生命极其重要，正是脂肪这样的物质在远古海洋中将细胞与它周围的环境分出界限，使细胞有了存在的基础，获得了向更加复杂的形式演化的可能。脂肪常被看作是人体储存脂肪酸的主要形式，从营养学的角度分析，某些脂肪酸对人体的大脑、免疫系统乃至生殖系统的正常运作至关重要，而且它们都是机体自身内部不能合成的，人们必须从饮食中摄入，合理地摄入这些被称为多不饱和脂肪酸的分子，这些脂肪酸有益于人们的生活质量和寿命。某些对人体非常重要的维生素（如维生素A、D、E、K等），也需要饮食中的脂肪帮助机体进行吸收。必需脂肪酸的摄取不足能够引发个体生长迟缓、生殖障碍、皮肤受损，甚至会造成肝脏、肾脏、神经和视觉等器官和系统的多种疾病。由于脂肪不溶于水，这就允许细胞在储备脂肪的时候，无须同时储存大量的水，相同重量的脂肪比糖分解时释放的能量多得多。这就意味着，储存脂肪比储存糖划算。

脂肪摄入过量的表现有：过多的脂肪确实可以让我们行动不便，而且血脂过高很可能诱发高血压和心脏病，并导致一些慢性病的发生，还会增大某些癌症的发生概率。比如，胆固醇等脂质小分子具有重要的生物学功能，但过量的胆固醇会引起动脉粥样硬化，进而导致冠心病和脑中风等一系列严重疾病。脂肪肝是指肝细胞内脂肪的堆积过量而形成的病症，目前它已经成为仅次于病毒性肝炎的第二位次的肝部疾病。脂肪性肝病因其多发性的特点正严重威胁着国人的健康，是被公认的造成隐蔽性肝硬化的主要危险因素之一。所以，体内脂质水平必须受到严密而精准的调控。煎炸食品和焙烤食品应该引起大家的高度关注，这两种食物正是由于富含大量的脂肪所以才香脆可口，其中所含有的大量油脂（反式脂肪酸、饱和脂肪酸、脂肪氧化聚合与环化产生的有毒物质等）对人体而言往往是不益健康的。

3）运动与脂肪

脂肪是日常饮食中重要的营养素，对人体的结构与功能起着不可或缺的作用。长期运动有可能会对脂肪产生过度消耗，建议脂肪的摄入量与日常摄入量相似或者略高。美国饮食营养协会指出，健身者可以延续正常人的脂肪建议摄入量（占摄入总能量的30%，其中包括10%的饱和脂肪酸、10%的多不饱和脂肪酸和10%的单不饱和脂肪酸）。图2-13为人体各部位脂肪的分布情况。

4. 维生素、微量元素与运动

1）维生素C

维生素C是一种常用的抗氧化剂，可以预防病毒感染，保护细胞免受氧化应激。此外，通过静脉注射补充大剂量维生素C可使重症监护病房（ICU）患者的住院时间缩短7.8%，显著降低死亡率。

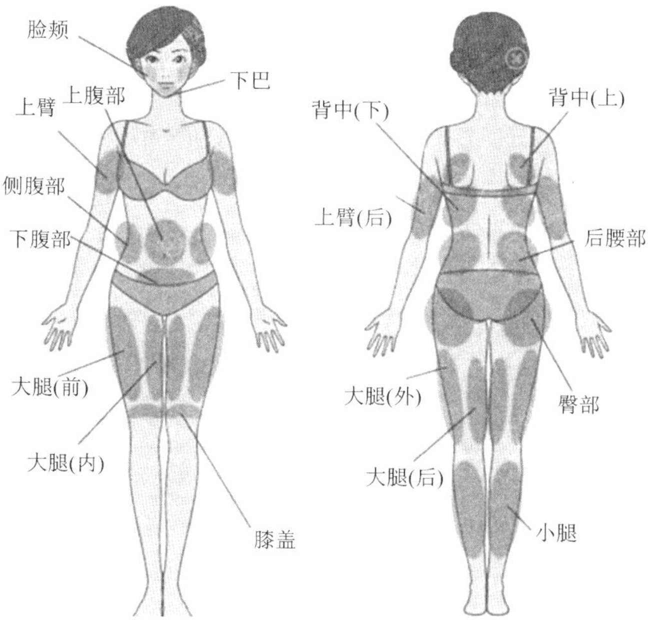

图 2-13　人体部位的脂肪分布情况

2)维生素 D

维生素 D 是一种脂溶性维生素，负责促进钙的吸收和利用，不仅对维持良好的骨骼结构起着至关重要的作用，而且还能调节人体免疫功能。一些研究表明，维生素 D 可以诱导抗菌肽杀死入侵的病原体。

3)维生素 A

维生素 A 的化学名称为视黄醇，是最早被发现的维生素，是维持人体免疫系统功能的重要因素之一。补充维生素 A 已被证明可降低麻疹、肺炎、腹泻、疟疾和艾滋病的发病率和死亡率。

4)维生素 B

维生素 B 是一组水溶性维生素，维生素 B3 可显著抑制中性粒细胞浸润肺，并产生强烈的抗炎作用。此外，缺乏维生素 B6 会弱化宿主的免疫反应。

5)维生素 E

维生素 E 是一种抗氧化剂，缺乏维生素 E 会损害体液免疫功能和细胞免疫力。补充维生素 E 对提高与年龄有关的免疫力特别有效，其对乙型肝炎感染和细菌性肺炎感染的保护作用已有报道。

6)硒元素

硒与病毒感染患者的治愈率和死亡率相关。高硒水平已被证明与病毒感染患者的治疗结果呈正相关。硒的保护作用机制可能与硒依赖的谷胱甘肽过氧化物酶的含量有关。作为一种重要的抗氧化酶,谷胱甘肽过氧化物酶可以减少氧化应激反应。

7)锌元素

锌是发展和维持机体免疫系统功能的另一种重要的微量元素,低浓度的锌和吡啶酮联合可以抑制冠状病毒的复制。

维生素的作用与建议摄入量如表 2-4 所示。

表 2-4 维生素的作用与建议摄入量

名称	作用	食物来源	日常需求
维生素 A	保护眼睛,促进骨骼发育,提高免疫力	牛奶、乳制品、蛋类、鱼类	0～0.7 mg
维生素 C	预防流感,防治内动脉硬化	橘子、橙子、猕猴桃、柿子	50～55 mg
维生素 D	促进钙的吸收利用,强骨骼	鱼类、动物性食品中	0.005～0.01 mg
维生素 E	抗氧化,维护皮肤弹性,延缓衰老	大豆、干果、柑橘	5～10 mg
维生素 K	凝固血液,抗出血,促进血液正常凝固	菠菜、番茄、酸奶、西蓝花	0.065～0.08 mg
维生素 B1	消除疲劳,治疗脚气	猪肉、鲤鱼、番茄、茄子	0.001～0.015 mg
维生素 B2	防止出现皮肤炎症,祛除口腔炎症	深绿色蔬菜、杏仁、红豆	0.90～1.7 mg
维生素 B3	减轻腹泻症状,减轻肠胃不适感	精米、大麦、全麦、豆荚	12～20 mg
维生素 B5	有利于减肥,缓解多种抗生素的副作用	绿叶蔬菜、谷物	4.5～5 mg
维生素 B6	促进皮质激素代谢	鱼类	1.3～1.5 mg

5. 水与运动

对于运动而言,补水是最基本的也是最重要的维持人体机能的营养手段。当运动期间由于出汗体重减少 2%以上时,肌肉的收缩能力和耐力都会降低,运动水准也会相应地显著降低;当运动期间体重减少 4%以上时,就有可能产生肌肉痉挛、热疾病、中暑甚至猝死现象。专家指出,应该在运动前至少 4 小时需要饮用每公斤体重 5～7 毫升左右的水或运动饮料,4 个小时的间隔时间能够保证健身者有充分的时间优化人体的水合状况,并且能够将多余的水分排出体外。在运动期间汗液分泌流失的多少取决于人体体外环境的温度、湿度等因素。人体汗液的流失速度最少约每小时 0.3 升,最多可以达到每小时 2.4 升以上。人体的汗液中所含电解质是以钠为主的,人体的钠浓度有较大的个体差异。运动期间补水的主要作用是控制水流失量维持在体重的 2%以内。所以,需要给人体多久补一次水,每次需要补多少水，所补的水中电解质的含量应该是多少才合理，这几个问题的解答都应该针对具体的个人，应该要综合考虑健身者的个体特点（如运动强度和时间、汗液流失速度、汗液的含钠量、补水的易得性等）。对于大多数的实际运动来说，运动期间的补水量通常不足以弥补汗液的流失量。所以，运动后的人体往往是处于缺水状态的。如果恢复时间充分，健身者能够从正常饮食中逐步地获得足量的水分和电解质。但是如果恢复时间不足，健身者在运动后每减少 0.5 公斤体重时应快速饮用 450～675 毫升水。一般情况下，在适宜的环境中补充普通饮用水就能够弥补绝大多数健身者的补水需求。而在极端的环境中或是极大运动量的运动之后，健身者应该补充含少量电解质的运动饮料。在运动后的补水过程中摄入少量的钠元素，有助于减少人体内产生的尿液量，对于维持血液渗透压也有良好的效果。人体含水量（大约）的年龄特征如图 2－14 所示。

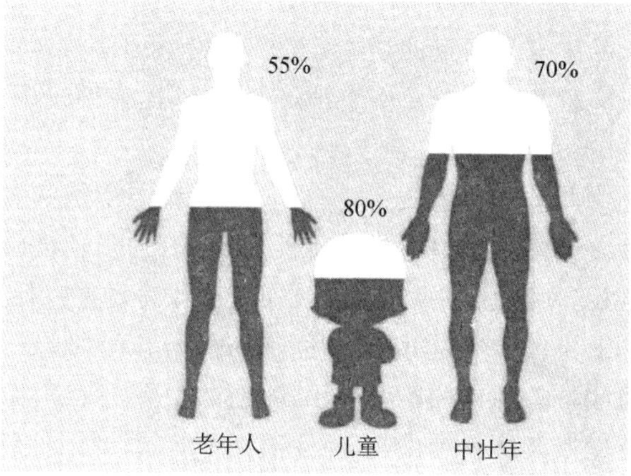

图 2－14　人体含水量（大约）的年龄特征

6. 运动营养食品

1）运动营养食品的定义

运动营养食品是指有助于运动表现的一类功能性食品。其实国际上关于运动营养食品的定义尚未形成共识，但并不妨碍运动营养食品被大众广泛接受。运动营养食品可以被看作是一类针对健身者的代谢特点和生理功能需求所设计的、具备高密度能量以及高活性物质的特殊类型的食品，它能够理性地补充运动营养，有利于人体在运动时的健康维持和运动能力的展现。运动营养食品在当代社会发展迅速，在全球范围内广受关注与推崇。《食品安全国家标准之运动营养食品通则》将运动营养食品按照人体的不同需求划分为三种类别：补充能量类、控制能量类和补充蛋白质类；按照不同运动项目的不同需求，也可以将其划分为三种类别：速度力量类、耐力类、运动后恢复类。

2)运动营养食品的概况

在某些发达国家,运动营养食品的起步比较早而且发展迅速,已居于国外食品行业的领先地位。运动营养食品的服务对象已经从面向竞技体育服务转换到了面向大众体育服务,且品类可以达到上千种之多(包括能量补给饮料、肌酸、微量元素补剂、蛋白粉、能量棒等)。愈来愈多的健身者对使用运动营养食品提高运动能力而产生了浓厚的兴趣。我国的运动营养食品行业相对欧美国家起步较晚一些,但依然发展迅猛(目前中国的运动营养食品的相关企业多达3000家,其产品多达3万种),在短时间内就实现了从引进外来产品到自主研发产品的实质性跨越,运动营养食品行业在我国近年来的平均年增长率在50%以上。

3)运动营养食品的功能成分

在运动营养食品中补入适量的功能元素能够有效地缓解运动中人体产生的能源耗竭、自由基损伤、乳酸堆积以及中枢神经性疲劳等,有助于调节人体的机能、加快消除运动性疲劳、促进运动功能恢复。

运动营养食品中所添加的物质主要有:①多肽和支链氨基酸。蛋白质通过酶解后的小分子活性多肽具有更好的功能特性,相对于大分子蛋白质或氨基酸更易于被人体所吸收利用,对运动后机体的恢复速度和体力增强有促进作用,还可以减少骨骼肌蛋白质的负平衡。支链氨基酸的代谢过程与运动性疲劳息息相关,长时间运动所形成的血浆氨基酸谱的改变会引发人体的中枢疲劳,而运动期间补充适量的支链氨基酸有助于延缓疲劳发生、减少肌肉分解、优化肌肉组织内氨基酸的利用以及节约肌糖原。另外,支链氨基酸可以降低运动所导致的自由基损伤,降低运动后血乳酸的浓度,加速运动后的体力恢复并提高人体的运动功能。谷氨酰胺是脑、肌肉、血液中最多的一种非必需氨基酸,它深受营养学界的重视,被广泛应用于运动锻炼时的能量补充。谷氨酰胺是多种氨基酸的前体物质,被利用率极高,其在运动时的消耗也相应较快,在运动期间及时补充谷氨酰胺有利于健身者的体力恢复。研究显示,多种蛋白质(大豆多肽、玛咖多肽、谷胱甘肽、花生多肽、米渣肽等)都具备延缓运动性疲劳的作用。②植物活性物质。很多资料证实,某些植物活性物质可以对抗运动性疲劳,目前也被广泛应用于运动营养食品之中。例如,沙枣多糖可以提高肝糖原的含量,降低血清尿素氮和血乳酸的含量;板栗多糖可以显著增强运动耐力,减少运动后血乳酸和血清尿素氮的含量,增加肌糖原和肝糖原的含量;羊栖菜多糖可以延长运动时间,增加肝糖原含量和血清SOD(超氧化物歧化酶)活性,减少血清MDA(丙二醛)、肌乳酸和血清尿素氮的含量。另外,从灵芝、芦荟、冬虫夏草中分别提取的多糖也被证明具备对抗运动疲劳的能效。在色素抗疲劳方面，甜菜红色素、月季花色素能延长运动时间、减少血乳酸和血清尿素氮含量并加速其清除速率、增加肝糖原和肌糖原含量，具有抗疲劳作用。还有，鱼腥草黄酮和大豆异黄酮可以明显地增加运动的时间和血清游离脂肪酸的含量，减少血乳酸和血清尿素氮的含量，也具备对抗运动性疲劳的活性。③牛磺酸。人体运动时会形成过多的自由基，促使体内的生物膜发生脂质过氧化反应，最终导致机体运动能力下降。牛磺酸可以通过维持细胞膜结构的稳定性来提升体内抗氧化酶系统的活力。作为一种细胞保护剂，牛磺酸能够抵制细胞膜的脂质过氧化反应，提升人体的抗氧化能力，增强机体的运动能力。牛磺酸是人体的必需氨基酸，往往作为常见的功能性营养物质被添加到运动营养食品中。近年来，很多学者在对多糖、多肽和支链氨基酸的研究之外，还对多酚和色素等其他物质展开研究。随着学者在运动营养领域的研究与实践的不断深入，更多的功能成分将会被开发出来并服务于广大的健身人群。运动营养食品分类例举如图 2－15 所示。

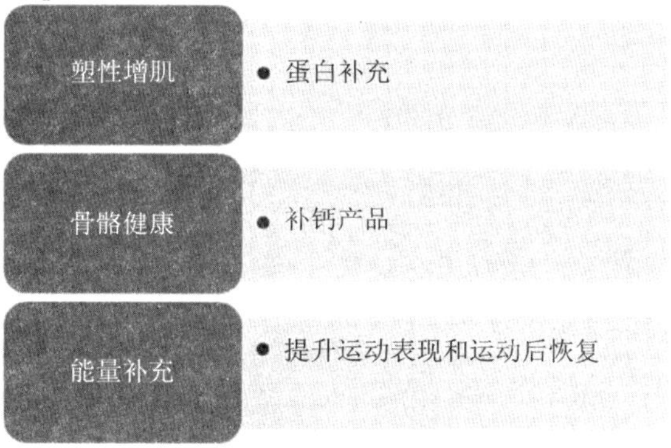

图 2－15　运动营养食品分类例举

7. 全球食物体系需要转变

人类的膳食与健康、环境的可持续性密不可分，甚至息息相关。然而，目前的人类膳食正迫使地球朝着超越自身承载极限的趋势发展，同时也导致人类健康每况愈下。这给人类和地球都带来了风险。随着人口持续增长，预计到 2050 年全球总人口将达到 100 亿，利用可持续的食物体系提供健康膳食已迫在眉睫。为了应对这一挑战，膳食结构的改变必须与提高粮食产能和减少食物浪费相结合。有专家指出，如果不改变饮食习惯、提高粮食产能并减少食物浪费，到 2050 年，以健康和可持续的膳食养活不断增长的百亿人口是不可能实现的。健康膳食的第一个科学目标就是在全球承载极限内合理限制食物消耗，这需要人们做出重大改变，但这些目标都是可以实现的。健康膳食的日常构成包括大约35%来自全谷物和植物块茎的热量，主要来自植物的蛋白质和每天大约14克的红肉以及每天500克的蔬菜和水果。要调整到这种新的膳食结构，全球需要减少约一半诸如红肉和糖类等食物的消耗量，而坚果、水果、蔬菜和豆类的消耗量则需加倍。不健康的膳食是导致疾病和非健康状态的主要原因，而按照健康膳食的建议，全球每年可避免约1100万人过早死亡。2022年中国居民平衡膳食宝塔如图2-16所示。

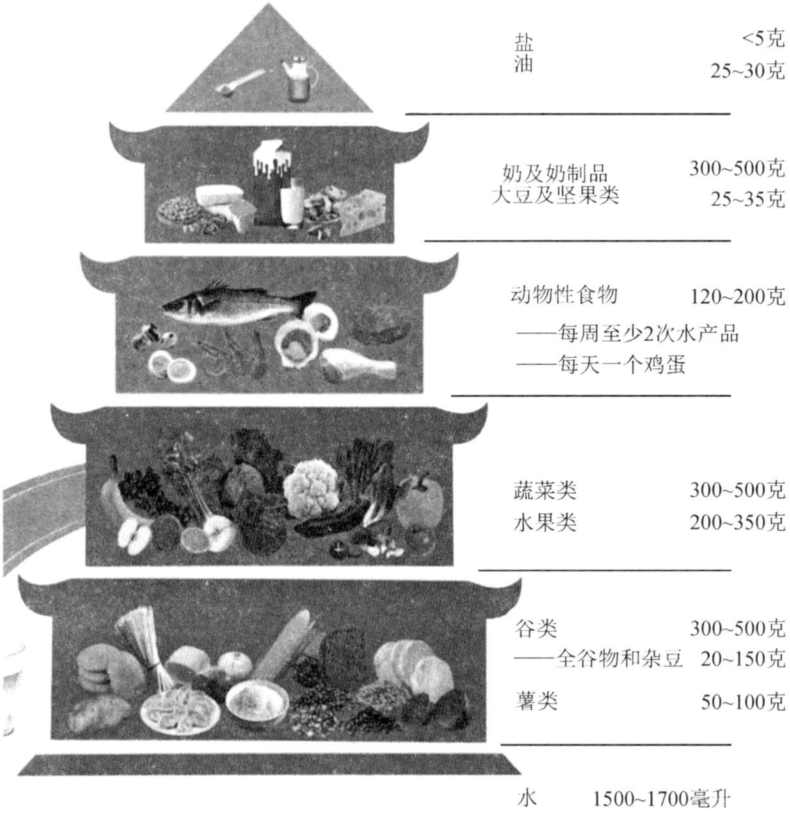

图2-16 中国居民平衡膳食宝塔

8. 间歇性禁食与健康

目前，间歇性禁食似乎在一夜之间成为减肥界的新宠，这种新兴的进食方式不但被认为能够减肥塑身，甚至还能够延年益寿。有专家指出，只有正确的间歇性禁食对于一般的人群(不包括体质健康水平较低的人群)才会确实有效，并且可以成为健康生活方式的一部分。间歇性禁食一般可以划分为两种类型：第一种是每天限时进食，也就是把进食的间隔时间控制到6到8小时；第二种是“5∶2间歇性禁食”，也就是每周七天中有五天维持规律性进食，另外两天仅吃一顿中等量的餐食。有研究证实，禁食与进食之间的交替对于细胞的健康是有利的，其机制有可能是触发了一种代谢转换的通道，当细胞的能源接近耗竭时，这种转换可能会发生在快速获取糖储备并且通过缓慢的脂肪代谢供能的过程之中。有研究显示，这种转换有助于血糖的调节平衡，提升了对压力的抵抗能力并抑制了炎症的产生。因为现在大多数人每天都吃三顿饭再加额外的零食，所以并没有机会体验这种代谢转换，也就不可能体会到代谢转换的益处了。还有研究显示，间歇性禁食能够降低血脂、血压和静息心率。更多的证据显示，间歇性禁食可以改善影响肥胖与糖尿病的相关风险因素，也有利于机体的大脑健康。人们在开始禁食时感到饥饿和易怒是很常见的，这种状况通常在身体和大脑习惯了新习惯后两周到一个月后就会消失。值得注意的是，间歇性禁食法并不是严格的节食硬性规则，而是一种饮食模式。这种饮食模式不会改变饮食的成分，只是对进食时间进行了调整。

2.4　运动损伤与康复

2.4.1　必读知识点

1. 运动损伤的定义

运动损伤是指人体在运动过程中的组织器官在解剖层面上的破坏或是在生理层面上的功能紊乱。是否引发运动损伤与运动项目特征、运动安排、运动水平以及运动环境等因素有关，它有别于社会生活与工作中的意外伤害。自人类社会形成以来，人们都在进行健体强身活动，但损伤却一直威胁着运动参与者的健康，往往会导致健身者在短期内无法正常参与运动，甚至会造成终身性的身体伤害。

2. 运动损伤的分类

1）按损伤病程分类

（1）急性损伤。急性损伤是指急性事件引发的受伤，它可造成中度的或较严重的疼痛，一般不会形成永久的伤害，如皮肤擦伤、肌肉拉伤、戳伤等。

（2）慢性损伤。慢性损伤是指缓慢、逐渐发生的损伤症状，它一般伴随轻度的疼痛，可发展成严重的疼痛和永久性的功能障碍，如脚疼、膝关节疼、腰背疼、肩关节疼等。

2）按皮肤或黏膜的完整性分类

（1）开放性损伤。开放性损伤是指皮肤或黏膜在损伤发生之后，其完整度受到破坏而形成伤口与外界相通的状况(如擦伤、刺伤、切伤等)。

(2)闭合性损伤。闭合性损伤是指皮肤或黏膜在损伤发生之后尚且完整而没有伤处与外界相通的状况(如肌肉拉伤、挫伤、关节韧带扭伤等)。

3)按受伤的轻重程度分类

(1)轻度损伤。轻度损伤是指机体在受伤之后尚未丧失运动能力并可以按照原计划继续健身的状况(如擦伤)。

(2)中度损伤。中度损伤是指机体在伤后丧失运动能力24小时以上并在短时间(1～2周)内不能按原计划健身,而且需要停止或减少健身活动的状况(如肌肉拉伤)。

(3)重度损伤。重度损伤是指机体在伤后较长时间完全不能健身,或需要住院进行治疗的状况(如骨折)。

4)按运动损伤发生的组织结构分类

(1)软组织损伤。例如皮肤损伤、肌肉损伤、肌腱损伤、韧带损伤、腱鞘损伤等,此类损伤约占55%,居各种损伤之首。

(2)骨与关节损伤。急性损伤成人多见骨折和关节脱位,慢性损伤则多为与专项技术特点有关的软骨炎、关节软骨的退行性转变。

(3)神经损伤。例如:拳击运动员因大脑反复被击,致使大脑受损,即“拳击脑”;跳水运动员的脑挫裂伤;等等。

除上述损伤外,组织结构损伤还有血管损伤、内脏损伤等。

3. 运动损伤的预防

运动损伤不可消除,但可以减少。运动损伤的预防措施主要是器械改进和功能训练两个类别。在器械改进方面,主要是通过加持稳定装置(如关节固定支架、裹带)和佩戴减震装置(如减震鞋)两个途径得以实现。功能训练则通过增强健身者的自身能力(如肌肉力量、柔韧性、平衡能力、灵敏性、本体感觉等)作为实现途径。显然,器械改进的途径属于被动性预防,而功能训练则属于主动性预防。在这两个主要的预防手段之外,还有一些辅助细节措施(如增加营养、调整运动规则、进行安全教育等)也是有所成效的。

从流行病学的角度而言,运动损伤的预防工作应该包含四个步骤:首先,要明确运动损伤的发生原因与损害程度;其次,要明确产生运动损伤的危险因素和损伤机制;再次,要根据对运动损伤危险因素和损伤机制的分析,制订出减少运动损伤的预防方案;最后,重复第一个步骤,评价引入预防方案后的成效并进行有必要的调整。图2-17为运动损伤的预防策略。

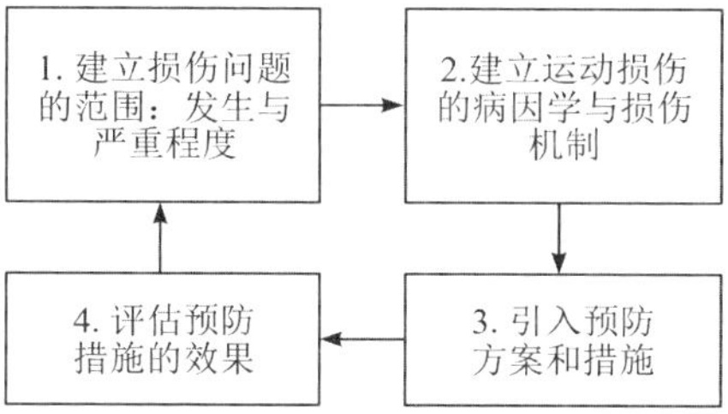

图 2-17　运动损伤的预防策略

4. 常见运动损伤的处理方法

对于常见的运动损伤，给大家如下处理建议：

1)软组织擦伤

用清水或生理盐水冲洗伤口，涂抹相关的消毒、消炎药品(如有必要可以使用创可贴)，若干天后即可自愈。当然，更为严重的擦伤需要送往医院进行伤口的缝合与包扎。

2)鼻出血

暂时静坐，头后仰，并用口进行呼吸，使用纱布或者干净的软纸塞在流血的鼻孔，还可以用冷毛巾置于前额进行止血。

3)扭伤

扭伤后要遵循 RICE 原则，即：休息(rest)，根据伤情进行完全休息或者相对休息(受伤部位休息)，避免继续运动而导致受伤部位的二次受伤；冰敷(ice)，在受伤部位敷以冰块或其他低温物品(一般持续 20 分钟，每天 4～8 次，可以持续 1～3 天)，有助于抑制组织毛细血管的继发性出血，从而缓解肿胀与发炎；加压(compression)包扎，用弹性绷带将扭伤部位裹紧加压，目的是抑制局部的水肿；抬高(elevation)患肢，将扭伤部位抬高(尽量高于心脏的水平位置)，目的是减少流向受伤部位血量，以免造成进一步的肿胀。

4)挫伤

挫伤一般是急性的闭合性损伤，急救方法是伤后第一天予以冷敷并加压包扎，在伤后两天可以予以热敷。如果判断会有肌肉或肌腱断裂倾向，则应包扎固定后送往医院得以处理。

5)脑震荡

轻度脑震荡者建议静卧休息 1～2 天；中、重度脑震荡者建议就地仰卧并对其予以冷敷，待头脑稍微清醒后及时送往医院进行治疗。

6)脱臼

脱臼是指在踝、膝、腕、肘、肩等关节处较为常见的一种关节半脱位或完全脱位。脱臼的急救方法是让伤者保持安静,如有夹板、毛巾、三角巾等物品,可以通过周围有经验的人进行急求的辅助措施(固定脱臼部位),如周围没有相应的物品和有经验的人,应该使脱臼部位保持相对稳定并将伤者送往医院救治。

7)肌肉、韧带拉伤

大腿后部肌群、腰背肌、股四头肌、小腿三头肌等部位的肌肉拉伤较为常见。建议在损伤早期予以冷敷并加压包扎以减少水肿,在损伤中期予以热敷或应用相关药品,在损伤后期予以按摩并辅助以功能练习。

8)重力性休克

大运动量运动之后,如果人体突然坐或躺在地面,大量血液缺乏肌肉压力而存积下肢,此时大脑会出现由于回流血量减少而暂时性缺氧所造成的暂时性知觉丧失。重力性休克的急救方法是把伤者放平并保持顺畅呼吸,必要时予以人工呼吸,及时送往医院救治。

9)运动性腹痛

运动性腹痛是指过激运动后引发的暂时性功能紊乱(如腹直肌痉挛、胃肠痉挛、肝脾区疼痛等)。运动性腹痛的急救方法是立即降低运动速度或强度,积极调整呼吸并按压相关部位,如不能缓解症状则应停止运动或就医治疗。

10)肌肉痉挛

肌肉痉挛在小腿后肌群肌肉和脚、手等部位最易产生,是肌肉所产生的强直性收缩,俗称抽筋。产生肌肉痉挛的主要原因是疲劳、寒冷刺激以及大量出汗等。肌肉痉挛的急救方法是用力拉伸相关的肌肉,还可以通过叩击和按摩等方式进行筋膜的缓解。

11)中暑

中暑是指因为高温日照或长时间剧烈运动促使体温升高、散热困难而导致的循环功能失调现象。中暑的急救方法是把中暑者移至阴凉通风地带并保持呼吸顺畅,予以凉毛巾敷盖额头降低体温,增加散热。

12)骨折

骨折是比较严重的运动损伤,可以分为开放性骨折(骨折断端透过皮肤与外界相通)和闭合性骨折(断骨与外界不通)。骨折的急救方法是:对于开放性骨折应先予以无菌处理和止血,对于闭合性骨折应先予以固定,然后尽快将伤者送往医院进行救治。图 2 - 18 为踝关节扭伤的处理流程。

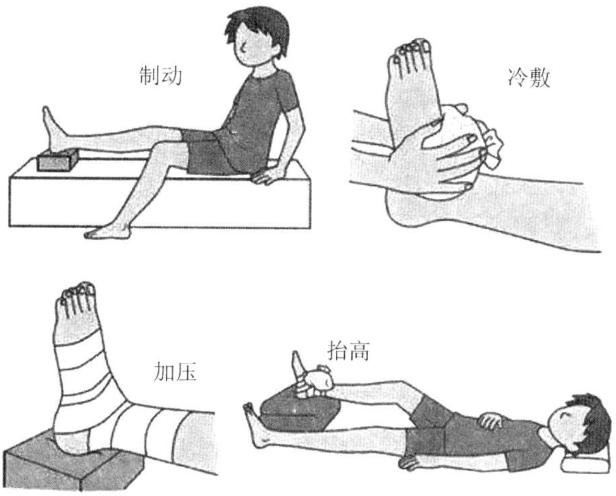

图 2－18　踝关节扭伤的处理流程

5. 运动损伤的康复

肌肉损伤的修复可以分为炎症阶段、修复阶段和改建阶段。建议在疼痛能忍受的范围内进行早期康复训练(伸展和肌力练习)，这类练习有助于缓解局部肿胀，合理的训练可以保证任何新生修复物质正确的生长方向，以减少继发损伤的风险。例如：股四头肌的康复训练中建议进行直腿抬高、负重短弧、负重长弧等练习；膝韧带损伤的康复训练中建议加强屈伸肌群力量配比，进行负重直腿抬高练习；进行髋的伸屈、内收、外展等练习。从运动损伤的发生概率来看，急性损伤多于慢性损伤，但是如果急性损伤治疗不合理或是过早参与运动就可能会转化为慢性损伤，如骨膜炎、筋膜炎、腱鞘炎、肌肉痉挛、肌肉酸痛、肌肉劳损、髌骨软骨软化症、疲劳骨折等。慢性运动损伤在进行功能性的康复运动时，运动量应该依据症状的轻重、损伤的原因、个体特征和项目的技术要求等有序进行。康复的功能性练习方式包括纠正错误动作的练习、发展代偿功能的练习、加强伤部肌肉的练习、改善关节活动的练习、消除粘连改进血供的练习、发展肌力协调性的练习、矫正畸形的练习等。

2.4.2　拓展资料

1. 运动损伤的分布

大多数健身者都面临着肌肉、韧带、骨骼、骨连结等组织的运动损伤，这些运动损伤往往产生于四肢关节(踝、膝、髋、腕、肘、肩)和头、颈、躯干等身体部位，尤其是膝关节成为运动损伤发生最多的部位。运动损伤的发生部位与运动项目特点和专项要求息息相关，比如体操运动员受伤的高发部位是腕、肩以及腰部，而肘损伤则常见于网球项目与标枪项目。运动损伤的主要类型有撕裂和擦伤、关节韧带损伤、肌肉和肌腱损伤、中枢与外周神经损伤、应力性骨折等，还包括复合型损伤，如膝关节损伤能够引发半月板和软骨损伤，往往还会伴随前交叉韧带损伤。流行病学的调查资料显示，我国运动员的运动损伤发生率高达59%，其中急性损伤发生率为21%，急性转慢性损伤发生率为46%，慢性损伤发生率为33%，膝部损伤发生率为19%，踝部损伤发生率为9.0%。不同运动项目的技术动作和对抗程度以及活动场地的物理空间等因素都不尽相同，所以不同项目的运动损伤发生率、发生原因以及发生方式等都出现了很大的区别。对抗性项目（如足球、跆拳道、曲棍球、手球等）是运动损伤发生率高的运动形式，在这些项目中接触性损伤发生率是34%，而应力性和非接触性损伤发生率分别为22%和20%。另外，雪上项目（如自由式滑雪、空中技巧、单板滑雪等）以及冰上项目（冰球）损伤发生率也非常高（发生率为15%～35%）。由于性别差异，大多数项目女性的损伤发生率往往高于男性。

2. 运动损伤的机制

在进行运动时，人体所有的器官和组织都承受着相应的力学压力。运动损伤就是由个体在进行某项具体的运动时，其所承受的力学压力超出了他的运动能力所致。人体的肌肉、韧带、骨骼、骨连结等组织都具备非线性的载荷-变形或应力-应变关系，超过阈值的负荷就会发生一次急性损伤。人体组织大都具有再生和修复功能，当受到的负荷变化时会产生适应性的重建过程。例如，当骨组织发生较小的微损伤后，可以通过自身修复功能进行修复。然而，如果人体没有充分的时间对这种超负荷产生的微损伤实施及时修复，就会发生慢性运动损伤（或过劳性损伤）。在业余和专业运动领域，慢性运动损伤和过劳性损伤（如髌骨关节痛、胫骨应力性骨折和髂胫束综合征）都是比较常见的损伤。影响运动损伤发生的危险因素分为内部因素和外部因素。内部因素是指健身者的身体特征（损伤史、年龄、性别、耐力、肌肉力量、柔韧性、灵敏度、身体成分、动作特点等多种因素）和心理特征（自我效能感、焦虑水平、自尊等），外部因素是指运动环境、竞赛规则、训练和赛事安排是否合理等。内、外因素是导致健身者易于损伤的潜在原因，但只有在“诱发事件”真正产生的时候，损伤事件才会来临。健身者的内、外危险因素与诱发事件和损伤事件形成了十分复杂的相互联系。在日常的实际损伤事件中，健身者所处的运动环境和自身的运动水平不同，其损伤的原因机制也会不尽相同。比如，同样是踝关节扭伤，排球和足球运动员的损伤原因或机制就大不一样。排球运动员多是在网前拦网或是扣球后不慎落到其他人脚上时发生踝关节失稳而导致损伤，而足球运动员大多是因为对手在侧面阻挡时受到侧向撞击力出现膝踝失衡而导致损伤。

3. 运动损伤的成因

无论再怎么强调运动损伤预防的重要性，依然难免运动损伤的发生。引起或导致运动损伤的人为因素也比较复杂。总体而言，其发生原因可以归纳为以下几个层面：

(1)对预防的需要性认识不足，缺乏防范观念，表现为思想上麻痹大意，不能完全地认识到运动中的潜在危险。

(2)准备活动不充分，自我保护意识不足。神经系统和运动系统的兴奋性没有达到适宜的水平，机体协调性没有充分调动，肌肉和韧带的黏滞性没有克服，这些情形不利于人体进行较高强度的健身活动。

(3)场地、器械、服装、鞋子不符合要求。

(4)身体功能状态不好，如睡眠或休息不良、饥饿、情绪不佳、注意力不集中等。

(5)超负荷运动，技术动作不规范。

(6)天气恶劣，气温过低容易造成冻伤，气温过高容易造成中暑，光照条件较差则会影响影响视力，造成神经系统反应较为迟缓。

4. 运动损伤的预防策略

运动损伤对健身者造成了较大的不利影响，所以我们要从预防的角度做到以下几个方面：

(1)树立运动的安全观念，建立预防为主的防范意识。

(2)加强体育保健与卫生理论学习，掌握一定的基本知识，理解所从事的运动项目的特点和要求。

(3)注重准备活动的作用，在进行准备活动时应该遵循由慢到快、由易到难的规律。在热身慢跑和徒手操拉伸环节要认真对待，应该要认识到体温和肌肉温度升高对于降低肌肉的黏滞性和加快血液循环从而预防运动损伤发生的重要性。

(4)科学合理地安排运动量。运动损伤往往是长期运动负荷过高所致的，健身者应严格遵守运动规律，依据自身的运动能力和项目特点循序渐进地安排运动强度和运动时间。

(5)注重必要的医务监督和运动设备的安全性，对运动场地和设备以及防护用具要定期进行安全检查。另外，还要增加自己易伤部位的针对性练习。特别要注意自己的主观感受，当自身心理或生理上有不良反应时就不要坚持平时的运动强度以免受伤。

(6)提升对运动技术学习和掌握的能力，建立正确的、熟练的动力定型。

(7)学习心理训练，用以抵御外界环境的干扰，认知练习、表象练习和自我暗示等方式能够减缓焦虑心态。

(8)学习一定的保护和帮助的理论知识和操作技术，掌握保护和帮助的技巧，在运动损伤发生后的第一时间应该明确相应的处理办法并在受伤之后确定受伤的原因,以此规避该类运动损伤的重复发生。

5. 抽筋的发生、处理和预防

抽筋是肌肉痉挛的俗称,往往表现为一束或是几束肌肉突然产生剧烈的强直非自主性持续收缩。抽筋有可能维持的时间较短(一般是几分钟),但是在抽筋发生过后所形成的肌肉不适感和痛感能够延续几个小时。

1)运动时抽筋的原因

(1)准备活动不充分。准备活动不充分时,肌肉突然从静止状态转到运动状态,一时不能适应,会发生抽筋。

(2)寒冷刺激。如冬天在寒冷环境下进行晨练,在较低的水温中进行游泳健身。

(3)运动过于激烈。在参与过于剧烈的健身活动时,人体处于过于紧张状态,尤其是腿部的肌肉有可能收缩过快并且得到放松拉伸的时间较短,机体在局部产生的代谢产物(如乳酸)增多不能及时消除,造成肌肉的收缩与舒张不能够协调一致,最终导致小腿抽筋。

(4)汗液流失过多。在参加大运动量、长时间的健身后,汗液流失较大又没有及时补充水分和适量的盐分,体内水分和钠离子的过量消耗以及代谢废物堆积、局部血液循环不畅等就可能发生抽筋的现象。在低温或大风的外界环境下进行健身时,人体更容易因出汗散热过多而导致肌肉局部寒冷发生抽筋。

(5)运动过量。当运动强度已经超过个体的生理所能承受的范围时最易发生运动过量现象,尤其是长跑、爬山、登高时容易发生抽筋。

(6)肌肉或肌腱轻裂伤、情绪过度紧张、以不适当的姿势从事运动都容易发生抽筋。

2)处理方法

当发生抽筋的时候可以采取以下方法进行缓解:抵墙法(利用墙面作为支点来固定相关的关节,并尽力拉伸抽筋的肌肉部位)、旋转法(自己用力向外侧旋转关节以拉伸抽筋的肌肉部位)、扳脚法(握住足趾向后扳脚,使足部背屈对肌肉进行拉伸)、牵拉法(使发生抽筋的肢体保持伸直,双手扳住前脚掌持续地向躯干一侧拉伸肌肉)、按摩法(用双手有节奏地按揉、拍打抽筋的肌肉部位)、热敷法(可以用热水袋或热毛巾等敷以抽筋的肌肉部位,可以有效地增进肌肉局部血液循环从而缓解痉挛程度)。

3)抽筋的预防措施

加强体育锻炼,适当进行户外活动,多进行日光浴;注意用餐习惯,合理调配饮食;适当饮水,但是不要过量,大量液体能稀释血液中的钠,造成血钠浓度降低而相对缺钠,同样会引起肌肉抽筋;在任何运动之前都要热身,进行剧烈运动后,不要骤然停止。图 2－19 为游泳时抽筋的应急措施。

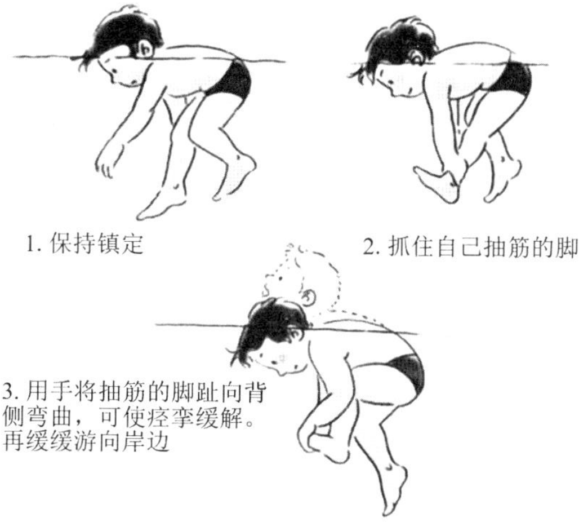

图 2－19　游泳时抽筋的应急措施

6. 乳酸与肌肉酸痛

以往大部人认为运动中产生的乳酸是造成延迟性肌肉酸痛（通常发生在激烈运动后 24～48 小时）的主要因素，但是近年来的生理学证据指出以下观点：

（1）乳酸并非是造成延迟性肌肉酸痛的主要因素。①虽然在高强度运动时，乳酸是在活动的骨骼肌中产生的，但在运动后乳酸就会快速地从肌肉与血液中移除。事实上，在运动后的 60 分钟内，血液中乳酸浓度就会恢复到安静状态下的水平。因此，单次运动后的乳酸生成，并不太可能导致运动后 1～2 天的肌肉酸痛。②乳酸生成会造成肌肉酸痛，对于爆发力型的运动员来说，在每次的训练课程结束后就会感到肌肉酸痛，但是训练良好的爆发力型运动员，鲜少在平常常规的训练后感到肌肉酸痛。

（2）研究显示，延迟性肌肉酸痛可能会在下列情形产生：①激烈的肌肉收缩（尤其是离心收缩）后造成肌肉的结构性破坏（肌小节的破裂）；②细胞膜损坏，包括肌浆网的损坏；③钙离子从肌浆网渗透出来聚集在粒线体内，抑制 ATP（三磷酸腺苷）生产；④钙离子堆积活化激酶（蛋白酶），分解细胞蛋白，包括肌纤维收缩蛋白；⑤细胞膜损坏和肌肉蛋白的破坏造成一连串的发炎反应，包括前列腺素/组织胺和自由基的增加；⑥组织胺的堆积和肌纤维周边的水肿现象刺激神经终端（疼痛受器），造成肌肉疼痛。

（3）延迟性肌肉酸痛最常发生的情况是肌群处于不熟悉的激烈运动形态下，离心运动（肌纤维收缩时被动拉长状况）比向心运动更能增大延迟性肌肉酸痛发生的风险。所以，建议在开始某种专项训练的前 5～10 次训练课程时就应该循序渐进，让运动肌群逐步适应训练压力，从而降低延迟性肌肉酸痛的发生率或严重程度。

7. 肌内效贴与运动损伤

在时下作为防护用具，肌内效贴往往会高频次地出现在很多的健身活动场地，它源于传统的贴扎并且凭借其特别的构造和新颖的贴法得到了健身者和运动员的青睐与推崇。20 世纪 70 年代，日本医师加濑建造发明了肌内效贴并最初将其应用于运动防护的实践中，目前肌内效贴技术正在不断发展。肌内效贴在预防运动损伤、协调肌肉功能以及缓解炎症疼痛层面的功能也受到了研究者的广泛关注。肌内效贴的材质一般是由柔软透气并富有弹性的纯棉布搭配丙烯酸酯低敏胶构成的，它不含乳胶和药性，能对皮肤增加一定的压力并且延展性极强(可以延展至原始长度的 140%)。相对于普通的贴布，肌内效贴最大的优势是可以给关节提供更大范围的活动幅度，并且能够黏附于皮肤可达数日之久。肌内效贴的主要功能可以归纳为：给予机体组织更强的牵拉感，提升肢体与关节的舒适性、贴合性、伸展性、防水透气性、非过敏性。肌内效贴对运动损伤的防治有帮助的原因是：在损伤局部促进了血液及淋巴循环、延缓水肿和炎症状况、提升受损关节的活动幅度、纠正损伤后皮下组织(如筋膜)的无序排列。值得注意的是，尽管目前肌内效贴已经被广泛应用至运动损伤和临床康复领域，但对于产品开发商所宣传的其他若干功效，还是缺乏充分的实证资料来支撑的。在未来，肌内效贴应该更多关注不同人群和不同肢体部位的针对性与差异性，这样才会取得更好的应用效果和干预效果。图 2 - 20 为肌内效贴应对运动损伤的贴法例举。

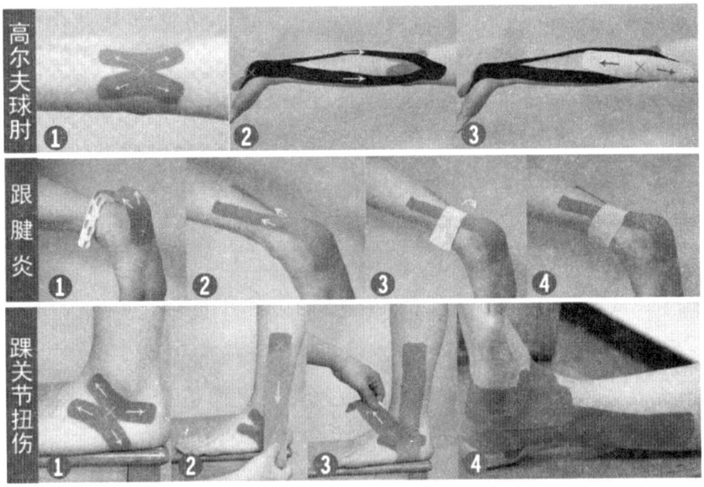

图 2 - 20　肌内效贴应对运动损伤的贴法例举

8. 预防运动损伤的趋向

多年以来，尽管很多研究者对于运动损伤的预防开展了大量的理论与实践工作，但是未来依然存在很多关键问题需要更深入的研究。

(1)不同运动项目对关键技术动作要求不同，而且相关的防护措施和装备的评估也不尽相同，其运动损伤的机制和原因应该被进一步关注。

(2)对于新型的、个性化的智能运动防护装备的研发，在运动产品领域将会是一个热点。

(3)每一位个体、每一个组织器官都具有不同的力学特征，对其具体的运动强度的耐受范围的研究将会更加细致。

(4)研究人体运动模式的规律，尤其是在运动过程中动作控制与力学因素的耦合联系。

(5)对于不同层次(细胞、组织、器官、系统)的损伤机制需要整合其各项研究成果，在跨尺度综合研究上构建整体层面的运动损伤机制理论。

(6)确立指标体系，对于在运动过程中的"机体受力→组织应力→微损伤→微修复→运动强度适应→再运动"这一整体过程进行定量描述。当然，回答这些问题将会受到生物医学工程和测量计算技术等诸多学科发展的影响，但是，对预防运动损伤的研究正在不断地深化，其预防措施必将更加有效。

第3章 科学健身的方法

3.1 体适能与体能、身体素质的关系

3.1.1 必读知识点

1. 体适能与体能

体适能是指人体所具备的有充沛的精力从事日常工作(学习)而不感到疲劳，同时有余力享受休闲活动的乐趣，能够适应突发状况的能力，它包括健康体适能和技能体适能。体能是指通过力量、速度、耐力、柔韧和灵敏等五个基本身体素质所表现出来的运动能力。体能的概念比较侧重于运动能力，相近于“技能体适能”的定义。体适能的提高有赖于体育锻炼，拥有良好的体适能除了可以胜任日常活动及工作的负荷外，更重要的是能促进身体健康、预防各种慢性疾病，并且能获得高质量的生活。本书中所要探讨的主要是健康体适能。

2. 体适能的构成

体适能是从运动学的角度对体质健康进行评估的综合指标，其所包含的健康体适能是指心肺适能、肌肉适能、柔韧适能和身体成分四个方面的内容；而技能体适能则是指速度、力量、耐力、柔韧、灵敏和协调等内容，它所体现的主要是如何通过身体训练途径达到更高、更快、更强的运动成效，其各元素在提升和挖掘人体的运动潜能方面是至关重要的。

健康体适能所体现的主要是人体所从事的日常生活和工作的一般能力，它从另外一个层面反映人体的体质健康水平，是我们进行体质研究的主要内容。

1)心肺适能

心肺适能，也称有氧耐力，是指机体外界摄入、体内运输以及组织细胞利用氧气的能力，是人体能够进行持久工作的基础能力。心肺适能又被认为是健康体适能中最重要的能力，并且具有可塑性，可以经过规律性的耐力运动得到提升。

2)肌肉适能

肌肉适能包含肌肉力量和肌肉耐力两个层面，肌肉力量指肌肉在每次收缩时

所产生的张力；肌肉耐力是指肌肉正常的反复收缩产生固定张力能够持续多长时间的能力，同样也是人体可以进行正常工作和活动的基础能力。

3)柔韧适能

柔韧适能是指人体在无疼痛的状态时其关节能够活动的最大幅度，优良的柔韧度可以使人体在运动中呈现出较高的自由度和轻松感，它对于维持机体的运动能力并预防运动损伤显然是不可或缺的。

4)身体成分

身体成分是指构成人体组织细胞的各种物质(蛋白质、糖、脂肪、无机盐、水等成分)，维持适当的体重与合理的机体组织成分比例是人体健康的物质基础。在人体的身体成分中脂肪的比例改变比较明显，对体质健康水平的影响也较大，注重体内脂肪含量对维护合理的体重具有直接影响。身体成分保持在一个合理的稳定状态对于预防慢性病(如高血压、糖尿病、动脉硬化等)具有重大的意义。图 3－1 为体适能构成示意图。

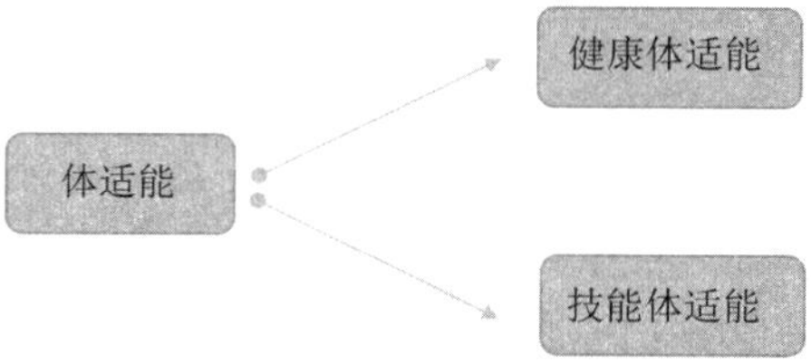

图 3－1　体适能的构成

3. 身体素质的构成

身体素质是指人体在活动时所展现出的各种机能，是体质健康水平的外在表现。身体素质主要包括力量、速度、耐力、柔韧和灵敏五个层面的内容。一般认为，力量素质、耐力素质和柔韧素质是三个最为基础的身体素质，而速度素质和灵敏素质则是人体的各种机能在活动过程中的综合表现，两者的能力展现是受力量素质、柔韧素质和耐力素质三者的发展而被发展或限制的。这种观点在“运动处方”理论中也得到了印证，即运动处方也把心肺适能、肌肉适能和柔韧适能作为健身活动的三大发展目标，所有的运动处方都以提升这三项体适能(基本素质)中的一项或多项为健身目的。以提高体质健康为主线，本书的各种健身建议同样是以这三项体适能(基本素质)作为主要的发展目标。

4. WHO 的体力活动指南

WHO 为促进健康给大家推荐的体力活动量如下：

1)5～17 岁

每天至少应进行 60 分钟中等到较大强度体力活动；每天超过 60 分钟的体力

活动将会带来更多的健康益处;每天的体力活动大部分应进行有氧运动,每周至少应进行3次较大强度的体力活动。

2)18~64岁

每周至少应进行150分钟中等强度有氧运动,或每周至少75分钟较大强度体力活动,或中等和较大强度相结合的运动;为获得更多的健康益处,应将中等强度体力活动时间增加至每周300分钟,或将较大强度体力活动时间增加至每周150分钟;有氧运动每次至少持续10分钟;每周至少应进行2天针对主要肌群的力量练习。

3)65岁及以上

每周进行至少150~300分钟的中等强度有氧运动;或75~150分钟的较高强度有氧运动;或者两种强度的身体活动的等效组合。每周进行至少3天的以强调平衡能力和力量训练为主的多种中等或更高强度的身体活动,增强身体机能和防止跌倒。移动能力较差者每周至少应进行3次平衡练习以提高平衡能力,防止跌倒;不能达到上述体力活动推荐量者,应在自己的能力和条件允许情况下尽量开展一些力所能及的体力活动。图3-2为WHO的体力活动指南例举。

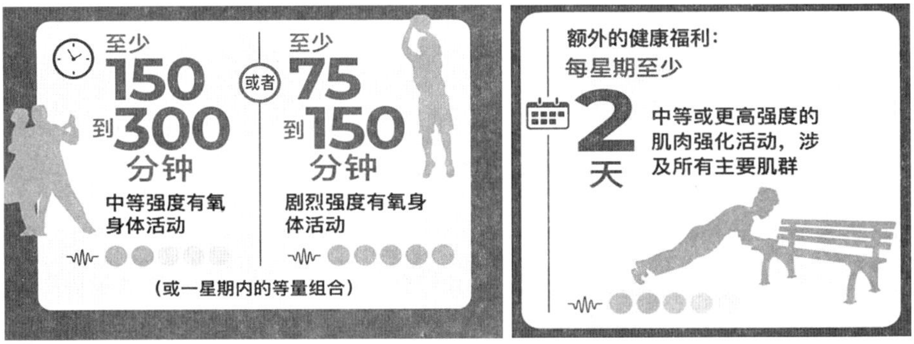

图3-2 WHO的体力活动指南例举

5. 美国的体力活动指南

美国卫生及公共服务部(HHS)于2018年公布了最新版本的体力活动指南——《美国人体力活动指南》(第二版),这个指南是对2008年版本的第一次更新。《美国人体力活动指南》(第二版)针对成人以及3~17岁的儿童和青少年提供了基于证据的建议,强调了加强运动和减少久坐的重要性,加强体育运动、减少久坐行为,有助于预防慢性疾病、延长寿命。

1)新版体力活动指南的建议

(1)成人每周需要150~300分钟的中等强度的有氧运动;每周要有2天的时间进行肌肉强度锻炼(例如举重、俯卧撑),以保持健康。

(2)6～17岁的儿童和青少年需要每天进行60分钟的中度或高强度的运动。

(3)为降低血压和胆固醇水平，建议每周3～4次中度或高强度的有氧运动，平均每次40分钟。

2)体力活动指南的十个关键信息

(1)新指南为成年人以及3～17岁的儿童和青少年提供了基于证据的建议，从而安全地获得保持健康所需的体力活动。

(2)新指南指出，对于3～5岁儿童(学龄前儿童)我们应顾及他们在全天处于活跃状态和生长发育的需求特点。建议成年人可以支持他们每天至少3小时尽情地进行游戏活动(轻度、中度或高强度活动)。

(3)新指南对于6～17岁的儿童和青少年的建议活动量是相同的。6～17岁的儿童和青少年每天要进行至少60分钟的中等或高强度的活动才可以获得最大的运动收益。大多数活动可以采取有氧运动(如散步和跑步等)，也可以通过一定量的抗阻运动(如篮球、在游乐场设备上攀爬、跳绳等)对肌肉和骨骼进行有效的刺激。

(4)新指南对于成年人的体力活动推荐量是每周进行至少150～300分钟中等强度的有氧运动(如快走或快跳)，另外也需要肌肉的强化活动(每周进行至少2天的诸如举重或俯卧撑之类的运动)。

(5)新指南基于最新的科学证据，表明体力活动有许多健康益处并独立于其他的健康行为(如良好的营养)。

(6)新指南对于成人的第一个关键建议是多动少坐。该建议基于新证据，该证据表明久坐不动的行为与患心脏病、高血压和全因死亡风险增加之间存在密切关系。所有体力活动，特别是中等到剧烈的活动，都可以帮助人体抵消这些风险。

(7)任何量的体力活动都有一些健康益处，美国人可以全天从少量中等到剧烈的身体活动中受益。第一版《美国人体力活动指南》指出，只有10分钟的身体活动才能达到指导标准。第二版删除了这一要求，以鼓励美国人在努力实现指导方针的过程中更频繁地全天活动。

(8)新的证据表明，体力活动对健康有直接的益处。例如，身体活动可以减少焦虑，降低血压，改善睡眠质量，增强胰岛素敏感性。

(9)随着时间的不断推移，美国体力活动指南中的建议能够给民众带来更为深远的健康收益。

(10)近年来的证据表明，体力活动有利于对已经出现的更多健康问题(如骨关节炎、高血压、Ⅱ型糖尿病、焦虑和抑郁、痴呆、帕金森氏症与多发性硬化)进行健康管理。

6. 中国的身体活动指南

2011年，中国发布了《中国成人身体活动指南(试行)》，为大家提供了有益健康的身体活动量(活动形式、强度、时间、频度和总量)的若干建议。

1)活动时应该遵循的基本原则

(1)动则有益。对于平常缺乏身体活动的人,只要改变静态生活方式、增加身体活动量,便可使身心健康状况和生活质量得到改善。

(2)多动更好。低强度、短时间的身体活动对促进健康的作用相对有限,逐渐增加身体活动时间、频度、强度和总量,可以获得更大的健康收益。

(3)适度量力。多动更好应以个人体质为度,且要量力而行。体质差的人应从小强度运动开始锻炼,逐步增量;体质好的人则可以进行活动量较大的体育运动。

(4)贵在坚持。机体的各种功能用进废退,只有经常锻炼,才能获得持久的健康收益。

2)推荐的身体活动

推荐的身体活动主要包括:①每天进行6～10千步当量的身体活动;②经常进行中等强度的有氧运动;③积极参与各项运动和娱乐活动;④应用抗阻运动形式维护肌肉和关节的机能;⑤日常生活中要少静多动。

在这个建议中,千步当量成为对身体活动量控制的基本衡量单位。1千步当量相当于普通人在中等速度(4000步/时)状态下步行10分钟(约1000步),即10分钟3 MET的身体活动量。千步当量也可以作为依据体重进行能量消耗换算的工具。例如,60公斤的健身者在进行1千步当量活动时大概消耗的能量是131.9千焦。其他的各种身体活动都能够以千步当量为单位折算成不同的活动量,强度越大的身体活动形式在达到1千步当量时所需要时间更短,反之会更长。比如,7 MET慢跑达到1千步当量仅需3分钟左右,4 MET骑车达到1千步当量则需7分钟左右。这个指南中所推荐的“每日6～10千步当量身体活动”,是指人体在日常可以从事的所有形式和强度的身体活动,它不强调每次活动的持续时间,而重视更为活跃的生活方式。指南中所提到的“经常进行中等强度有氧运动”明确指出了每次中等强度的有氧活动应该至少达到10分钟以上,每天应该累计达到4～6千步当量的总量,每周进行5～7天,建议每周的活动量要达到24～30千步当量。另外,为维持和提高肌肉功能,该指南推荐进行基本运动功能练习及日常功能练习,建议每周2～3次,隔日进行适宜的阻力负荷练习。2018年,在国家卫生健康委员会疾病预防控制局和国家体育总局科教司的指导下,“中国人群身体活动指南”的制定工作已经启动,制定专家组组长、中国工程院院士陈君石表示,目前已有强有力的证据表明,积极的身体活动除了能防治心脑血管疾病、癌症、糖尿病等慢性病外,对心理健康、骨骼健康和睡眠等也有促进作用。《中国人群身体活动指南(2021)》在国家卫生健康委员会疾病预防控制局的指导下已正式出版发行(见图3-3),该活动指南覆盖全人群,包括学龄前儿童、儿童青少年、成年人等。

图 3－3　《中国人群身体活动指南(2021)》封面

3.1.2　拓展资料

1. 体适能概念的历史演变

美国科学家最早提出了体适能(fitness)的概念,广义的体适能概念是指人体适应外界环境的能力,它被认为是健康概念的一种延伸。在英文中,"fitness"表达着"适当"和"适切性"的本意,因此有学者认为可以将之解释为"健康",即人体的各个层面处于适当的状态。不过在英文文献中,"fitness"更侧重于表达人体对某种环境的适应能力,如"fitness for competition and win" "fitness for life activity"等。因此,将"fitness"翻译成"体适能"更贴切一些。20 世纪 80 年代初期,中国台湾和香港的运动生理学界首先把"fitness"翻译为"体适能",后来在我国大陆得到了广泛讨论并逐渐被接受。根据理解习惯的不同,德国人称之为工作能力,法国人称之为身体适性,日本人称之为体力。健康体适能主要包括心肺适能、肌肉适能、柔韧适能、身体成分;技能体适能包括速度、力量、耐力、柔韧、灵敏和协调等内容。在现代对于健康的生物-心理-社会模式下,健康的概念中是包含生理、心理和社会三个维度的内容的,而体适能则特别强调生理健康的维度。从运动生物学的角度而言,健康的状态应该包含对外界环境良好的适应性,而促进和提升人体的这种适应能力显然是健身活动的目的之一。这种适应能力可以归纳为以下几个方面:对生产劳动和娱乐活动的适应能力、对日常生活和基本活动的适应能力、对运动竞技的适应能力以及对基本生存的适应能力。就健身活动来讲,提升体适能是其根本目的。一直以来,在运动科学领域从来都是依据人体生物适应性而把提升体适能作为出发点的,探索运动干预(合理的负荷和方式)对于人体的成效。如人体的体温调节对于高温和低温环境的适应能力，人体的肌肉代谢对于有氧和无氧环境的适应能力等。随着科技的进步和经济的发展，体力活动不足与静态活动较多已经成为全球的公共健康问题。体适能与维护人体的活动性、独立性以及整体的生活质量息息相关，其意义还在于我们在追求健身成效的过程中能够更加客观地以人为本、顺应自然。图 3－4 为体适能概念的历史演变。

图 3－4　体适能概念的历史演变

2. 体适能概念与运动健身

运动健身（或称体育锻炼）与运动训练在体育运动领域中是两种不同的境界，两者在目的、方法和手段方面都不尽相同。首先，运动健身的主要目的在于提升体质健康水平，它的运动强度、运动形式与运动训练都有着较大的区别。体适能概念的形成，与衡量健康水平的标准（仅仅局限于没有疾病和不虚弱）是密切相关的。机体的运动能力是人的健康水平的标志之一，对于各种运动强度的适应性是机体的机能状态和体质水平的一种反映，就像汽车的性能能够反映汽车的质量一样。对生存活动的适应性是体适能最为基础的状态，而对运动健身和竞赛训练的适应性则是体适能更高层次的状态。运动健身所追求和提升的体适能是以适应一般的健身活动和娱乐活动为目标的一种形式。人体之所以可以通过练习过程而提升体适能，主要原因是人体具备较高的适应外界环境的机能特性。在外界环境条件发生变化的情况下，人体可以很快地形成应激反应（又可称为一般适应症侯群），正是这种对于外界刺激的应激性的存在，人体的功能状态得到进一步的提升，人体的这种可塑性特征从运动学的角度也可以称为可训练性。另外，我们对于外界环境的变化还具备恒常性的反应特征，即人体在环境改变的情形中可以维持机体基本功能状态的相对稳定性，而不至于当功能状态改变时会引发人体的不适反应甚至会导致伤害或疾病的产生。从某种程度看，人体的这种可训练性与恒常性是一对矛盾的关系。科学健身就是利用设计适当的运动刺激强度来突破人体维持恒常性的机制，致使人体形成抵抗力以适应和对抗机体所承受的运动刺激强度。长期不断地重复这种运动刺激就可以使人体形成较高的适应和对抗此类运动刺激的适应能力，也就可以达到另一个更高的体适能水平。

3. 体适能概念与运动训练

从体育运动领域来讲，体适能的最高境界是人体对于竞技运动的适应能力。因为竞技运动的高强度训练是对人体极限运动潜能的不断挖掘与挑战，所以，运动员如果想追求最好的运动成绩，就必然要把与其成绩发挥相关的各个层面的技能体适能都提升到最优状态。在欧美一些国家，为了提高技能体适能而计划的运动训练一般包含三个层面(体、技、心)的内容：Training 通常是指在运动生理学、运动生物化学以及康复医学等学科理论的指导下为提升人体适应运动强度的能力而从事的训练过程，我们通常称其为体能训练。所以，负责进行体能训练的教练称为 Trainer。而 Coaching 则是指利用运动生物力学及运动训练学等专项理论知识而从事的技术、战术的训练过程。所以，负责指导技术、战术练习的教练称为 Coach。另外，Conditioning 更偏重于应用运动心理学、运动营养学以及其他有关管理学的理论指导运动员在比赛期发挥最佳竞技水平的训练过程，所以此方面的教练称为 Instructor。由此可以明显地看出，以上三个层面实质上就是体、技、心三个层面的问题，这是创造最佳运动成绩的三个不可或缺的主要因素。

如前所述，技能体适能包括速度、力量、耐力、柔韧、灵敏和协调等内容。①速度适能体现为人体在单位时间内移动的距离(位移速度)或对外界刺激反应的快慢(反应速度)或机体自身的部位相对移动的快慢(动作速度)。速度适能也能够从侧面反映出人体的灵敏度和爆发力等其他素质。②力量适能体现为肌肉收缩时产生张力的大小程度，它是机体从事所有活动的最为基本的一种机能素质。就竞技运动来讲，力量适能被认为是影响人体运动能力的首要因素。③耐力适能是指人体在长时间内进行肌肉活动的一种能力，被认为是人体抵抗运动性疲劳的能力，体现为心肺耐力、全身耐力和肌肉耐力三个层面。耐力适能也是竞技运动所必需的重要素质之一，不同运动项目所追求的耐力适能的特点也各不相同。④柔韧适能是指人体在运动时各个关节所呈现出的活动幅度，它与肌肉和韧带的弹性以及协调性密切相关。柔韧适能的优劣直接影响机体的协调能力、动作舒展度以及肢体的灵活性。⑤灵敏和协调适能是指人体在快速改变身体位置和改变动作时所展现的一种随机应变的能力，它是运动技术和所有身体素质的综合体现。综上所述，力量适能是机体进行一切活动的基础素质，除柔韧适能受其影响的程度较小之外，其他的几项体适能都或多或少地受力量适能所影响或限制，它几乎决定了个体是否适合参加某种运动项目或从事哪些体力劳动。耐力适能和力量适能息息相关(如肌肉耐力直接受到力量适能的影响),二者共同决定着机体从事某项活动时可以取得的效果。与这两种适能相比,柔韧适能表现的是人体的另一种机能,提升柔韧适能对于提高人体的协调性从而更好地展现力量和速度等适能,以及掌握运动技术和预防运动创伤等都是至关重要的,拥有良好的柔韧适能可以展现幅度更大的动作以及更加优美的身体姿态,还能够减少受伤病侵袭的可能性。在体适能概念的指导下,所有的高强度训练和模拟训练都为人体制造出了一种超负荷的外界环境或运动刺激,主旨是使人体的体能能够逐步地对这种环境产生适应,最终达到更好的运动成效。例如,在速度适能的训练中教练员创造了限定步长下坡跑的训练方法,这种方法可以迫使运动员在被限定步长的条件下进行下坡超速跑时必须要加快步频才能维持自身的身体平衡,其原理就是机体的肌肉收缩速度和动作交换速度可以对训练的要求产生适应性的变化。长期地应用限定步长下坡跑的训练方法,可以促使运动员的步频产生适应性的、更快的变化,这也就达到了训练的目的。此外,在耐力适能的训练中教练员创造了模拟高原训练的方法。因为长期生活在高原上人体胸阔和心脏等器官的结构和功能都会产生适应性的改变,所以,教练员意识到刻意地模仿高原的缺氧环境,就有可能使运动员产生适应性反应,从而提高他们的耐力适能。于是,目前的高原训练成为许多耐力性运动(如长跑、自行车、长距离游泳等)较为成熟的、常见的训练方法。模拟高原训练或高原训练基地的海拔越来越高,证明了运动员对高原缺氧环境的适应能力是很强的。近几十年来,体适能概念在运动训练领域的广泛应用,反映了运动训练的现代生物学观点,这也是运动员在超负荷的运动刺激下产生适应性的变化进而取得优异成绩的根本原因。在这种观念的指导下,现代运动训练拓展到了对机体适应性能力开发的层面,这种开发包含着个体对环境的适应、对运动的适应以及对他人的适应等。图 3-5 为健康体适能和技能体适能的区别。

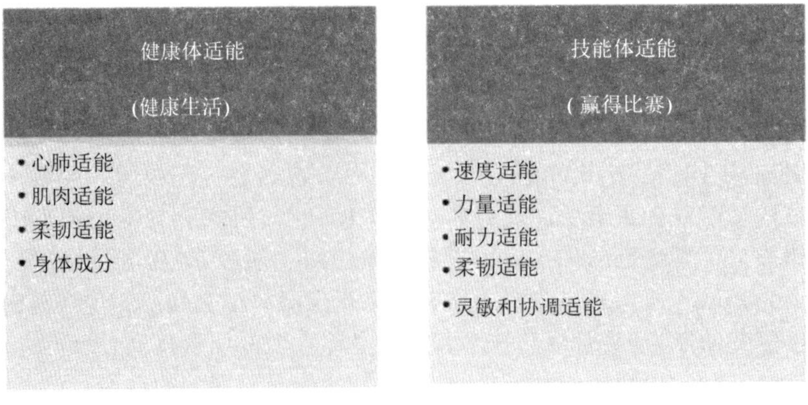

图 3-5 健康体适能与技能体适能的区别

4. 活动指南中存在的问题

自 1979 年以来，我国相继进行了 7 次全国范围内的儿童青少年的体质健康水平调研并建立了相应的体质评价指标体系，在掌握和探索少儿的生长发育和机能素质方面积累大量的实践经验。我国对于成年人体质的调研相对开展得较晚，分别在 1997 年第一次开展了全国成年人体质测试，在 2000 年第一次进行了全国国民(3～69 岁)体质监测。之后，我国大约每隔五年又分别进行了 5 次全国国民体质监测，并且持续地构建和完善了国民体质的监测系统。上述这些大规模的监测数据显示，少儿和老年人的体质健康水平(大多数指标)在逐渐提升，而成年人(不包括老年人)的体质健康水平却呈现出下降的趋势，尤其体现在肥胖的检出率升高、多项身体素质指标降低、城乡人口的体质差距加大、地区差异显著、体育人口比例较小等方面。很多体育领域的学者在体力活动方面进行了大量的理论和实践研究，为我国政府进行政策制定与开展全民健身工作提供了大量的数据资料和理论依据。为了增强居民的身体活动意识、促进大众的科学健身活动，卫生部疾控局在 2011 年公告了《中国成人身体活动指南(试行)》。为促进身体活动在全球的推进，WHO 多次将身体活动纳入促进健康相关的规划中。与此同时，近年来，身体活动得到了国际组织及相关国家的高度重视，特别是在如何指导人群身体活动方面。美国、加拿大、澳大利亚等国家也发布了不同人群的身体活动指南。

在上述这些活动指南中，仍然存在一些问题需要今后进行探索：①运动的方式方法。在若干体力活动指南中，维护健康的最低推荐运动量的基准主要来自有氧运动与抗阻运动的运动方式，但关于其他运动方式以及不同的运动方式组合起来可以产生什么样的健身成效尚待进一步的研究和验证。日常的劳作(如家务劳动)是大家参与体力活动的组成部分之一，对于那些闲余时光以日常体力活动为主但缺乏运动健身的人，这种劳作对减少慢性病的危险性和致死率会产生什么样的影响？日常体力活动中哪一种运动方式或具体的运动推荐量可以产生更大的健康收益？对于那些慢性疾病患者，哪一种运动的组合方式可以产生更大的健康收益？这些问题需进一步明确。②运动的负荷强度。目前的体力活动指南的制定目标可以划分为两个方面：一是维护人体健康；二是提升人体健康水平。尽管体力活动指南指出了维持健康的运动量的最低推荐标准，不过还是有一些问题亟待解决。例如，体适能水平不同的人提升机体健康的运动强度与运动量是有区别的，这种区别究竟应该怎样确定呢？事实上仍然存在很多人并未能完成所推荐的最低标准，这种较小的体力活动量对机体健康可以形成多大的收益？另外，更大的体力活动量可以收获多大的额外健康收益？③体力活动的影响因素。很多人在进行体力活动时没有达到指南所推荐的最低标准量，那么在所有的体力活动影响因素(如社会、经济、环境、遗传、文化和个体等)中，最为主要的影响因素以及其排序是什么？在体力活动促进健康的过程中，对于不同的人群，相应的优先干预措施（活动方式与运动量）应是什么？④体力活动与安全保障。在体力活动的参与过程中，有可能产生运动损伤以及伤害事件。所以，尽可能地减少体力活动中的伤害和风险与调动大众参与运动的积极性同样重要。但是，目前关于运动影响因素、运动安全、医务监督、运动方式、运动成效的评价体系以及远程实时指导和监控等方面仍然需要进一步的探索，以使广大群众在积极健康的体力活动参与中实现促进健康的最大化收益。

3.2 提升心肺适能的健身方法

3.2.1 必读知识点

1.呼吸能力与有氧运动

呼吸衰竭患者需要机械通气（呼吸机）以维持足够的肺气体交换。虽然呼吸机通常是一种挽救生命的干预设备，但其不良后果是：长期使用呼吸机易导致膈肌萎缩和收缩功能障碍（VIDD），从而增加了撤机的风险（发病率和死亡率更高）。研究报告显示，只要进行连续 10 天的心肺耐力训练，就能显著地保护机体免受 VIDD。对于肺炎患者而言，通过适度运动提升心肺耐力显然意义重大。通过合理的心肺耐力练习增强呼吸系统尤其是呼吸肌的功能，也是广大健康人群的重要目标。

提高心肺适能的运动方式主要以有氧运动为主。有氧运动是指人体在氧气供应充分的状态下所进行的运动方式，通常选择中、低强度的运动项目，它可以通过长时间的运动促进心（血液循环系统）、肺（呼吸系统）的代谢和提升心、肺的机能，从而使人体的各个组织、器官都能够得到更好的氧气和营养供应，以维持更佳的功能水平。有氧运动的特征是持续时间长、运动强度适当、节奏性强、依从性高和方便易行。有氧运动具体的形式有：①户外运动，如爬山、慢跑、快走、骑行、划船、滑冰、滑雪等运动方式。②居家运动，如瑜伽垫健身、瑞士球健身、跑步机健身、练气功、打太极拳等。采取某种提升心、肺耐力的运动形式的原则是：中低强度；长时间、长距离；全身大肌肉群参与活动。下面我们将瑜伽垫健身和瑞士球健身两种形式的多个组合动作推荐给大家。

2.瑜伽垫健身法

瑜伽运动起源于印度，因其拥有五千多年的发展历史而在健身界被推崇为“世界的瑰宝”。瑜伽的运动姿势源自一种古老而易于学习的技巧，在提升人的身体、情感和精神方面具有独特的优势。瑜伽运动通过调身的体位法、调息的呼吸法、调心的冥想法等途径力图达到身心合一，是强调身体、心灵与精神和谐统一的比较典型的运动方式，对提升心肺适能具有独特的功能。为此，我们选取了 28 个比较经典的动作推荐给大家。

1）上臂外侧拉伸

动作功能：拉伸上臂外侧肌肉。

动作要领：盘腿坐于垫上；右侧肩关节屈，肘关节屈，左手扶右肘，向左后方拉。

动作训练：每侧 10～15 秒，左右交替为 1 组，重复 2～3 组，组间间歇 30～90 秒。

注意事项：肘关节尽量内屈。

图 3－6 为上臂外侧拉伸动作示范。

图 3－6　上臂外侧拉伸

2）跪姿反向撑地

动作功能：拉伸小臂前侧肌肉。

动作要领：跪于垫上，双臂伸直撑于地面，双手五指向后，掌心向下；身体重心逐渐后移，拉伸小臂前侧肌肉。

动作训练：每组 15～20 秒，重复 2～3 组，组间间歇 30～90 秒。

注意事项：避免肘关节弯曲。

图 3－7 为跪姿反向撑地动作示范。

图 3－7　跪姿反向撑地

3)坐姿脊柱旋转

动作功能:提高胸椎灵活性。

动作要领:坐于垫上,腰背挺直,双手侧平举,双腿并拢伸直勾脚尖;身体向右侧旋转至最大幅度,保持1～2秒;骨盆保持稳定,缓慢向另一侧旋转。

动作训练:每组8～12次,重复2～3组,组间间歇30～90秒。

注意事项:手臂不要落下,始终勾脚尖。

图3-8为坐姿脊柱旋转动作示范。

图3-8　坐姿脊柱旋转

4)坐姿脊柱拉伸

动作功能:提高身体稳定性及腿部柔韧性。

动作要领:坐于垫上,两腿伸直,与肩同宽,勾脚尖;两臂前平举,掌心相对;吸气时腰背挺直,呼气从头部开始向下卷动,维持1～2秒;缓慢还原。

动作训练:每组8～12次,重复2～3组,组间间歇30～90秒。

注意事项:肩部放松,脚趾始终向上。

图3-9为坐姿脊柱拉伸动作示范。

图3-9　坐姿脊柱拉伸

5)仰卧脊椎转动

动作功能:提高脊柱灵活性,增加腰腹部力量。

动作要领:仰卧屈膝,双腿并拢,双臂展开平放于身体两侧,掌心朝上;肩背部固定,双腿向右侧转动,至左脚略微离开垫面,缓慢回正,再向另一侧转动。

动作训练:每组30～60秒,重复2～3组,组间间歇30～90秒。

注意事项：保持肩部放松贴地面。

图 3－10 为仰卧脊椎转动动作示范。

图 3－10　仰卧脊椎转动

6）胸部抬起

动作功能：锻炼腹部肌肉。

动作要领：仰卧屈膝；腹部用力，上身抬起至肩胛骨离开垫面，双手抓在大腿后侧，保持 1～2 秒；缓慢还原。

动作训练：每组 15～20 次，重复 2～3 组，组间间歇 30～90 秒。

注意事项：避免颈部用力带动身体，腰部保持紧贴地面。

图 3－11 为胸部抬起动作示范。

图 3－11　胸部抬起

7）肩桥预备

动作功能：锻炼身体后侧肌肉，提高骨盆与腰椎的稳定性。

动作要领：仰卧屈膝，两臂放于身体两侧，掌心向下，臀部抬起，保持身体稳定；右腿屈膝抬起与身体呈 90 度，然后缓慢还原；左右交替完成 1 次动作。

动作训练：每组 8～12 次，重复 2～3 组，组间间歇 30～90 秒。

注意事项：双腿始终呈 90 度，保持臀部抬起。

图 3－12 为肩桥预备动作示范。

图 3－12　肩桥预备

8)仰面斜撑起

动作功能:提高躯干及肩部稳定性。

动作要领:坐于垫上,双手支撑于身体两侧后方,指尖朝前,双腿与脚背伸直;呼气臀部抬起,身体呈一条直线,吸气臀部下降,不触垫面。

动作训练:每组 8～12 次,重复 2～3 组,组间间歇 30～90 秒。

注意事项:避免仰头,注意呼吸。

图 3-13 为仰面斜撑起动作示范。

图 3-13　仰面斜撑起

9)侧支撑抬腿

动作功能:增强腰腹部力量。

动作要领:侧卧垫上,右臂屈肘 90 度支撑,左臂伸直外展;臀部抬离垫面,使身体成一条直线,右腿抬起至与地面平行。

动作训练:每侧 30～60 秒,左右交替为 1 组,重复 2～3 组,组间间歇 30～90 秒。

注意事项:躯干挺直。

图 3-14 为侧支撑抬腿动作示范。

图 3-14　侧支撑抬腿

10）俯卧双臂画圆

动作功能：锻炼肩部、背部肌肉。

动作要领：俯卧垫上，双臂打开与身体垂直；胸部向上抬离垫面约 5～10 厘米，双臂在最远端顺时针或逆时针缓慢画圆。

动作训练：每组 30～60 秒，重复 2～3 组，组间间歇 30～90 秒。

注意事项：避免腿部抬起。

图 3－15 为俯卧双臂画圆动作示范。

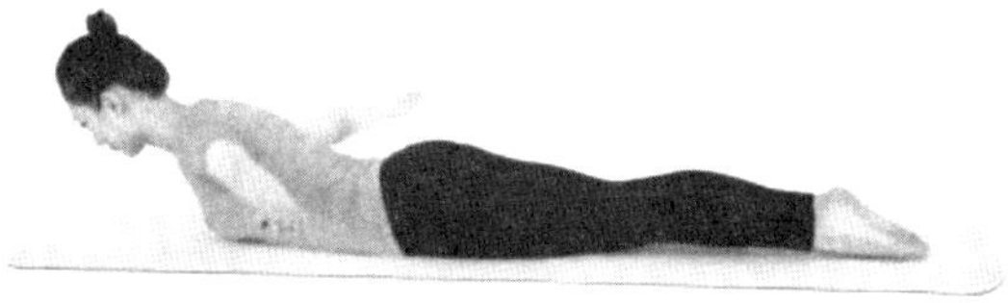

图 3－15　俯卧双臂画圆

11）俯身胸椎旋转

动作功能：提高胸椎的灵活性。

动作要领：跪撑垫上；右手撑垫，左手放于脑后；背部保持平直，吸气右手用力推地，胸椎缓慢向左上旋转，呼气胸椎向右下旋转至左肘碰到右臂。

动作训练：每侧 8～12 次，左右交替为 1 组，重复 2～3 组，组间间歇 30～90 秒。

注意事项：确保臀部稳定。

图 3－16 为俯身胸椎旋转动作示范。

图 3－16　俯身胸椎旋转

12）大拜式

动作功能：放松肩部及下背部肌肉。

动作要领：跪于垫上，臀部坐于脚跟；俯身向前，身体贴紧大腿，双臂前伸，额头触地，尽量拉长背部。

动作训练：每组 15～30 秒，重复 2～3 组，组间间歇 30～90 秒。

注意事项：避免肘部弯曲。

图 3－17 为大拜式动作示范。

图 3－17　大拜式

13）腿开合平板支撑

动作功能：锻炼腰腹部肌肉。

动作要领：俯卧垫上，双肘与肩同宽，屈肘 90 度，撑起身体，使身体呈一条直线；右脚向右移动，左脚紧跟右脚；左脚收回，右脚紧跟左脚；左右交替完成 1 次动作。

动作训练：每组 15～20 次，重复 2～3 组，组间间歇 30～90 秒。

注意事项：避免弓背、塌腰，减少身体晃动。

图 3－18 为腿开合平板支撑动作示范。

图 3－18　腿开合平板支撑

14）俯身交替摸肩

动作功能：锻炼腰腹部肌肉，增强肩部稳定性。

动作要领：俯撑垫上，身体呈一条直线；右手摸左肩，左手摸右肩，交替进行。

动作训练：每组 8～12 次，重复 2～3 组，组间间歇 30～90 秒。

注意事项：避免身体晃动。

图 3－19 为俯身交替摸肩动作示范。

图3-19　俯身交替摸肩

15)跪式俯卧撑

动作功能:锻炼胸部及手臂肌肉。

动作要领:俯卧垫上,双手放于胸部两侧,双脚交叉提起;以膝为支点,双手向下用力将身体撑起。

动作训练:每组8～12次,重复2～3组,组间间歇30～90秒。

注意事项:避免低头、塌腰。

图3-20为跪式俯卧撑动作示范。

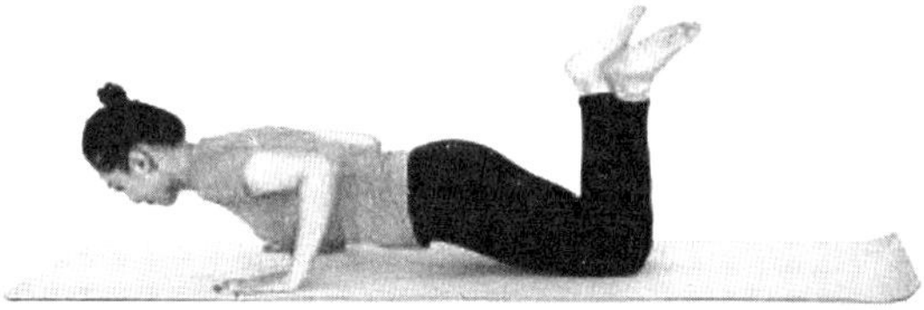

图3-20　跪式俯卧撑

16)动态平板支撑

动作功能:锻炼腰腹部肌肉,提高身体控制能力。

动作要领:俯撑垫上,身体呈一条直线;屈右臂至前臂贴紧地面后再屈左臂,呈平板支撑姿势;伸直右臂再伸直左臂;左右交替完成1次动作。

动作训练:每组8～12次,重复2～3组,组间间歇30～90秒。

注意事项:避免塌腰,减少身体晃动。

图3-21为动态平板支撑动作示范。

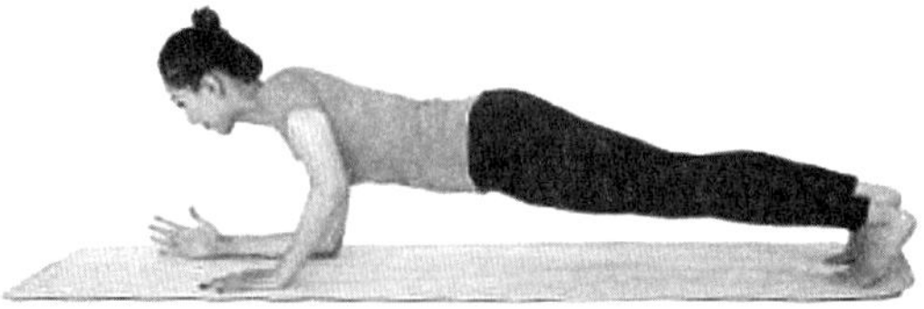

图 3-21 动态平板支撑

17)弯月式

动作功能:提高腰腹部控制能力。

动作要领:仰卧垫上,双手上举于头两侧,双腿并拢伸直;缓慢抬起上身和双腿,腰部始终紧贴地面,自然呼吸,维持动作姿态。

动作训练:每组 30～60 秒,重复 2～3 组,组间间歇 30～90 秒。

注意事项:避免腿部与手臂弯曲。

图 3-22 为弯月式动作示范。

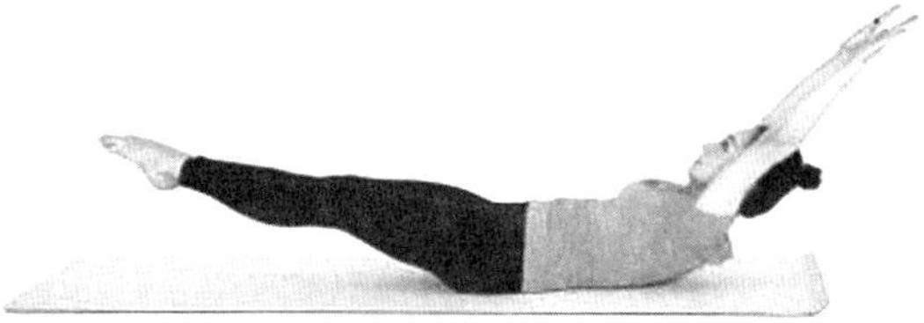

图 3-22 弯月式

18)俯撑腿部画圆

动作功能:增加腰腹部力量,提高髋关节灵活性。

动作要领:俯撑垫上,身体呈一条直线;右腿伸直抬起,以顺时针或逆时针缓慢画圆。

动作训练:每侧 30～60 秒,左右交替为 1 组,重复 2～3 组,组间间歇 30～90 秒。

注意事项:避免塌腰,保持脚尖朝下。

图 3-23 为俯撑腿部画圆动作示范。

图 3-23 俯撑腿部画圆

19)上犬式

动作功能:拉伸身体前侧肌肉。

动作要领:俯卧垫上,双手扶垫;双臂伸直撑起上半身,同时大腿和膝部离开地面;手指分开用力下压,挤压尾骨向前,胸部上挺,直视前方或者略微仰头。

动作训练:每组30～90秒,重复2～3组,组间间歇30～90秒。

注意事项:保持大腿离开地面,双手放在肩部正下方。

图3-24为上犬式动作示范。

图3-24　上犬式

20)摇摆式

动作功能:放松背部。

动作要领:坐于垫上,双腿屈膝,脚跟靠近臀部,双手环抱小腿,胸腹部紧贴大腿,额头触膝,躯干呈弓形;前后摇摆。

动作训练:每组10～30秒,重复2～3组,组间间歇30～90秒。

注意事项:避免仰头。

图3-25为摇摆式动作示范。

图3-25　摇摆式

21)拱桥式

动作功能:锻炼腰部、臀部肌肉。

动作要领:仰卧垫上,两脚自然分开,屈膝,双手抓脚踝,尽量抬高臀部、背部。

动作训练:每组10～20秒,重复2～3组,组间间歇30～90秒。

注意事项:动作缓慢,避免憋气。

图 3 - 26 为拱桥式动作示范。

图 3 - 26　拱桥式

22)抱腿卷腹

动作功能:提高髋关节灵活性。

动作要领:仰卧垫上,屈右膝,大腿靠近腹部,卷腹,下巴靠近膝盖,双手环抱右小腿;左腿保持固定。

动作训练:每侧 30～90 秒,左右交替为 1 组,重复 2～3 组,组间间歇 30～90 秒。

注意事项:双脚脚面绷直。

图 3 - 27 为抱腿卷腹动作示范。

图 3 - 27　抱腿卷腹

23)髋部拉伸

动作功能:提高髋部灵活性。

动作要领:坐于垫上,两脚掌心相对,双手抱住脚尖,俯身向下,额头贴地。

动作训练:每组 30～90 秒,重复 2～3 组,组间间歇 30～90 秒。

注意事项:避免仰头。

图 3 - 28 为髋部拉伸动作示范。

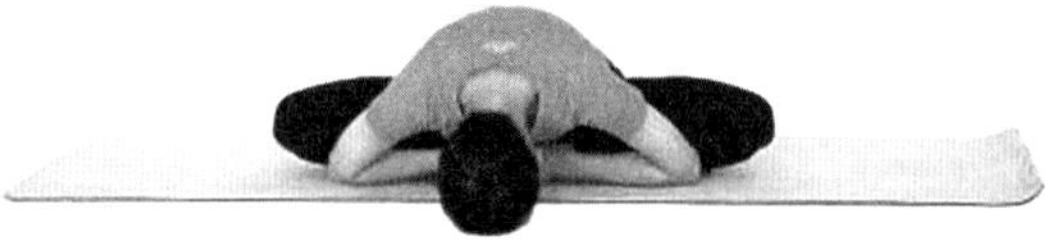

图 3 - 28　髋部拉伸

24)展臂转体

动作功能:提高脊柱灵活性。

动作要领:自然站于垫上,双手侧平举,头、手及上身向右旋转,眼睛看向右手指尖。

动作训练：每侧 15～20 秒，左右交替为 1 组，重复 2～3 组，组间间歇 30～90 秒。

注意事项：下颌与肩平行。

图 3－29 为展臂转体动作示范。

图 3－29　展臂转体

25）幻椅式

动作功能：锻炼双腿、肩背部肌肉。

动作要领：立于垫上，双手在头顶合十，屈膝下蹲，想象坐在一把椅子上，眼睛平视前方。

动作训练：每组 30～90 秒，重复 2～3 组，组间间歇 30～90 秒。

注意事项：避免膝关节超伸脚尖。

图 3－30 为幻椅式动作示范。

图 3－30　幻椅式

26）树式

动作功能：锻炼腿部肌肉，提高身体稳定性和平衡能力。

动作要领：立于垫上，抬右腿，屈膝外展，右手抓右脚踝使脚掌踩于左腿内侧根部，脚尖向下；身体稳定后，双手于胸前合十，向头顶上方延伸，眼睛平视前方，双肩下沉。

动作训练：每侧 30～90 秒，左右交替为 1 组，重复 2～3 组，组间间歇 30～90 秒。

注意事项：髋部稳定，肩颈放松。

图 3 - 31 为树式动作示范。

图 3 - 31　树式

27)舞王牵拉式

动作功能：提高身体稳定性。

动作要领：右腿站立，屈左膝，左手抓住左脚踝，左髋后伸，右手向前上方延伸。上身略微前倾，胸腔展开，眼睛平视。

动作训练：每侧 30～90 秒，左右交替为 1 组，重复 2～3 组，组间间歇 30～90 秒。

注意事项：避免过度挤压腰部。

图 3 - 32 为舞王牵拉式动作示范。

图 3 - 32　舞王牵拉式

28)下蹲平衡式

动作功能:锻炼脚趾、脚踝、腿部肌肉。

动作要领:立于垫上,两脚分开,与肩同宽,双腿外旋 45 度;双手于体前合十,脚后跟踮起,屈膝下蹲,双肘抵住膝盖内侧,脊柱向上延伸,眼睛看向上方。

动作训练:每组 30～90 秒,重复 2～3 组,组间间歇 30～90 秒。

注意事项:脚趾力量弱,不能维持身体稳定者,眼睛平视;保持背部伸展。

图 3－33 为下蹲平衡式动作示范。

图 3－33　下蹲平衡式

3. 瑞士球健身法

瑞士球是一个易于掌握而又方便操控的健身器材,它可卧、可靠、可坐,能够锻炼身体的大多部位。瑞士球目前已成为很多健身房和家庭的必备运动设备,因其具有可动员人体几乎全身肌肉参与的特点而被广泛应用于健身和培训项目。我们特此选取了 10 个动作推荐给大家。

1)单腿支撑平衡

动作功能:提高身体平衡能力。

动作要领:坐于瑞士球上,双脚放于地面;双手侧平举,右腿抬起,伸直与地面平行。

动作训练:每侧 10～20 秒,左右交替为 1 组,重复 2～3 组,组间间歇 30～90 秒。

注意事项:保持身体稳定。

图 3－34 为单腿支撑平衡动作示范。

2)肩足支撑

动作功能:提高身体平衡能力和稳定性。

动作要领:仰卧,肩背置于瑞士球上,双腿屈膝 90 度置于地面,双手水平外展,右腿伸直,与地面平行。

图 3-34　单腿支撑平衡

动作训练：每侧 10～20 秒，左右交替为 1 组，重复 2～3 组，组间间歇 30～90 秒。

注意事项：保持身体稳定。

图 3-35 为肩足支撑动作示范。

图 3-35　肩足支撑

3）肘撑球上推拉

动作功能：锻炼肩部、腹部肌肉，提高身体控制力。

动作要领：双膝并拢跪于垫上，双手掌心相对，与肩同宽，置于瑞士球上，前臂用力慢慢向前推球至两臂伸直，保持 1～2 秒；拉回原位。

动作训练：每组 8～12 次，重复 2～3 组，组间间歇 30～90 秒。

注意事项：保持背部伸直，避免速度过快。

图 3-36 为肘撑球上推拉动作示范。

图 3－36　肘撑球上推拉

4)瑞士球靠墙下蹲

动作功能:锻炼腿部肌肉,提高膝关节稳定性。

动作要领:双脚站立,与肩同宽,双手叉腰;后背靠瑞士球紧贴于墙面,缓慢下蹲至大腿与地面平行。

动作训练:每组 20～40 秒,重复 2～3 组,组间间歇 30～90 秒。

注意事项:膝关节不超过脚尖。

图 3－37 为瑞士球靠墙下蹲动作示范。

图 3－37　瑞士球靠墙下蹲

5)球上挺身

动作功能:锻炼背部肌肉。

动作要领:俯卧,腹部支撑于瑞士球上,双脚撑地,保持平衡,双手抱头背伸。

动作训练:每组 8～12 次,重复 2～3 组,组间间歇 30～90 秒。

注意事项:避免速度过快,控制平衡。

图 3－38 为球上挺身动作示范。

图 3－38　球上挺身

6)仰卧夹球举腿

动作功能:锻炼腹部肌肉。

动作要领:仰卧垫上,双臂外展 45 度,膝微屈,用大、小腿后侧夹紧瑞士球,收腹抬臀,使臀部抬离垫面,保持 1～2 秒;缓慢还原。

动作训练:每组 8～12 次,重复 2～3 组,组间间歇 30～90 秒。

注意事项:避免速度过快、控制平衡。

图 3－39 为仰卧夹球举腿动作示范。

图 3－39　仰卧夹球举腿

7)球上手脚平衡

动作功能:锻炼背部肌肉,提高身体平衡能力。

动作要领:俯卧,腹部支撑于球上,双脚及手掌撑地保持平衡,对侧上、下肢同时上举,超过身体平面;左右交替完成 1 次动作。

动作训练:每组 8～12 次,重复 2～3 组,组间间歇 30～90 秒。

注意事项:保持身体稳定。

图 3-40 为球上手脚平衡动作示范。

图 3-40　球上手脚平衡

8)仰卧球上收腿

动作功能:锻炼腰腹肌肉。

动作要领:仰卧垫上,双脚放于瑞士球上;背伸、挺髋,使身体成一条直线;然后收小腿,拉动瑞士球,至膝关节弯曲 90 度;缓慢还原。

动作训练:每组 8～12 次,重复 2～3 组,组间间歇 30～90 秒。

注意事项:保持身体稳定。

图 3-41 为仰卧球上收腿动作示范。

图 3-41　仰卧球上收腿

9)球上卧推

动作功能:锻炼胸部和上肢肌肉,提高身体稳定性。

动作要领:仰卧,身体斜靠于瑞士球上,双脚分开撑地,双手交替上推哑铃。

动作训练:每组 8～12 次,重复 2～3 组,组间间歇 30～90 秒。

注意事项:哑铃选择合适的重量。

图 3-42 为球上卧推动作示范。

图 3-42　球上卧推

10)球上双臂负重上拉

动作功能:锻炼胸部肌肉,提高身体稳定性。

动作要领:仰卧,肩背置于瑞士球上,双手持哑铃后伸直与身体成一条直线;保持双臂伸直上摆至与身体垂直;缓慢还原。

动作训练:每组 8～12 次,重复 2～3 组,组间间歇 30～90 秒。

注意事项:哑铃选择合适的重量。

图 3-43 为球上双臂负重上拉动作示范。

图 3-43　球上双臂负重上拉

3.2.2　拓展资料

1. 持续性与间歇性运动

健身活动是维持人体健康的重要干预措施,其运动形式从时间的角度可以划分为持续性运动和间歇性运动。持续性运动是指健身者在一定的时间内不间断地完成某项活动任务的运动方式,而间歇性运动则是将整体的运动时间有针对性地划分为若干个单元式的短时间的运动方式,其运动强度往往保持在较高的水平,两个相邻的运动单元留有短暂的休息时间。这两种不同的运动方式对人体健康的影响是有所区别的，也就是说如果运动时间相同，二者的运动目标和效果却不尽相同。一般认为，中等强度的持续性运动相对同等强度的间歇性运动而言，对减少体脂百分比、焦虑和情绪障碍的效果更好。而高强度的间歇性运动相对持续性运动而言，在改善慢性收缩性心力衰竭、久坐少动与体脂过高等方面具有更明显的作用，这主要与间歇性运动恢复期的能耗仍然会保持在较高的水准有关。高强度的间歇性运动通常比持续性运动更具有灵活性和吸引性，尤其在节约健身的时间成本方面因其独具优势而日益受到年轻人的推崇。

2. 有氧能力的运动建议

提升有氧能力主要包括提高心肺循环系统超负荷的能力和增强骨骼肌的氧化能力。有氧能力运动的健身方法如下：

1)间歇训练

间歇训练是指反复多次执行某运动强度，中间间隔短时间恢复期的训练方式。设计间歇训练计划需要考虑的因素有：①运动期时间长度。运动期时间长度通常大于60秒。②运动强度。运动强度为85%～100%最大心跳率。③休息期时间长度。休息期时间长度通常与运动期时间长度一样，即运动期、休息期时间长度比例为1∶1比较恰当。④训练组数。训练组数是指一次训练所需要执行的特定单元。如8×400米跑的间歇训练，完成8次400米跑就称为一组。⑤运动期的重复次数。运动期的重复次数是指在一组训练当中，重复某训练的次数。如8×400米跑的间歇性训练，就是在一组训练中重复8次。组数与重复次数依照体能而定。

2)长距离-慢速度(低强度)训练

这种训练强度为65%最大摄氧量或60%～70%最大心率，并且训练距离通常会比正常赛事距离还长，是耐力项目的一种常见训练方式。虽然这种训练方式被认为在挑战长距离赛事(全程马拉松)时是一种很有效的训练方法，但仍有研究建议，短时间、高强度训练对提升最大摄氧量更为有效。

3)高强度持续训练

这种训练方法对提升最大摄氧量与乳酸阈值非常有效，最适合的训练强度为最大摄氧量的80%～100%。另外，也有研究指出，训练强度等同或稍高于乳酸阈值，这样才能提高最大摄氧量。未经过科学系统训练者的乳酸阈值出现在最大摄氧量的50%～60%，而经过科学系统训练者的乳酸阈值会出现在最大摄氧量的75%～90%(也有研究认为乳酸阈值出现在最大摄氧量的65%～80%)。最大摄氧量是通过耐力训练提升最大心输出量与动静脉血含氧差来增加的，具体哪种训练方式对提升最大摄氧量最有效目前还存在争议，目前还没有哪一种训练方式可以适用于所有人。越来越多的研究表明，提升最大摄氧量的关键在于训练强度，而不是训练量。需要注意的是，虽然较高的最大摄氧量是耐力性比赛的重要因素，不过运动经济性与乳酸阈值对耐力性运动表现也同样重要。有氧耐力健身量化建议如图 3-44 所示。

图 3-44　有氧耐力健身量化建议

3.3　提升肌肉适能的健身方法

3.3.1　必读知识点

1. 肌纤维类型与工作形式

人体的肌肉组织包含两种肌纤维类型，分别是慢缩肌（Ⅰ型）与快缩肌（Ⅱ型，可再细分为Ⅱa 型和Ⅱx 型）。肌肉的主要功能是通过收缩与舒张完成张力的改变，其在体力活动中的工作形式一般可以归纳为五种类型（见表 3-1）。其中，向心收缩的形式包括等动收缩和等张收缩两个类型，两者的主要区别是只有等动收缩类型可以持续地产生最大的张力。人体在参与某项体力活动或是运动时，肌肉的收缩往往是混合形式的。

表 3-1　肌肉的工作方式与收缩特点

工作方式	收缩特点
等张收缩	肌肉的长度是缩短的，形成的张力是恒定的
等长收缩	肌肉的长度在形成张力时没有变化（静力性收缩）
离心收缩	肌肉的长度在形成张力时被拉长（退让性收缩）
等动收缩	肌肉的长度是恒速缩短的，形成的张力是最大的
超等长收缩	肌肉的长度先被拉长，之后缩短（先离心、后向心收缩）

2. 肌肉适能的影响因素

肌肉适能的影响因素有肌纤维类型的比例、中枢神经的兴奋强度、肌束的生理横断面积、肌纤维的长度走向和数量、神经肌肉接头的活性、运动单元的募集能力、肌梭和腱梭的敏感性等。

3. 肌肉适能的可塑性

运动通过激活肌肉蛋白合成来保持肌肉质量，而肌肉收缩活动不足则是造成同化代谢降低和肌肉萎缩的主要原因。线粒体通常被认为是肌肉能量生成的“动力库”，对长期卧床和其他形式限制人类活动的受试者的研究表明，肌肉的制动破坏了线粒体的稳态，导致蛋白质合成减少和蛋白质降解增强。体力活动不足对肌肉力量和耐力有负面影响，可能会增加蛋白质分解（横纹肌溶解症）和减少蛋白质合成，从而建立导致严重肌肉萎缩的分解代谢环境，对肌肉造成严重损害。尤其是老年人，一般会面临增龄性肌萎缩与废用性肌萎缩的双重打击，严重时会导致肌少症的发生。肌肉适能具备很强的可塑性，增加肌肉力量和耐力的方式多种多样，健身房的器械练习是效率较高的一种健身选择，而居家的练习方式对于大众健身而言更具有普适性。为此，我们给大家推荐两种更为可行、安全、有效的健身增肌形式：弹力带健身法和弹力圈健身法。

4. 弹力带健身法

弹力带是一种使用简单、方便的健身小工具，它虽然是一种小工具，但可以起到像很多健身器械一样的大作用。它的优势有：①性价比高，携带方便；②使用年龄不限，安全实用；③训练肌肉群多，几乎可以训练到人体绝大多数的肌肉；④变化多、应用广，既可以增加动作难度，也可以降低动作难度；⑤运动的轨迹可以多选，给肌肉以新的刺激；⑥弹性是恒力，可以保证肌肉全程发力收缩。所以，不论对增肌新手还是力量达人，弹力带作为一种健身器具，得到广泛的应用，我们特此选取了19个动作推荐给大家。

1）蹲举

动作功能：锻炼肩部、腿部肌肉。

动作要领：弹力带分别固定于双脚下；双脚站立，略宽于肩，屈膝，身体挺直，腹部收紧；屈肘，双手紧握弹力带于肩部前侧，手略高于肩；双手向上伸直，将弹力带推过头顶，同时双膝伸直。

动作训练：每组8～12次，重复2～3组，组间间歇30～90秒。

注意事项：双手向上推时，身体不要后倾。

图3-45为蹲举动作示范。

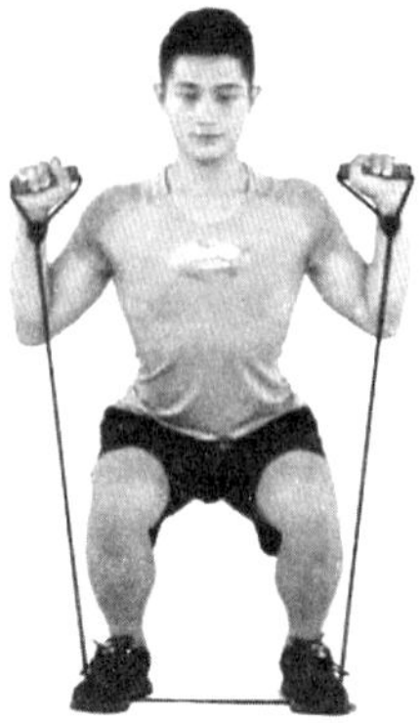

图 3-45　蹲举

2)弓步前推

动作功能:锻炼腿部、胸部肌肉。

动作要领:弹力带固定于体后,略低于肩;双脚站立,与肩同宽,双手紧握弹力带,屈肘约 90 度;躯干挺直,腹部紧收;向前弓步蹲,同时双臂伸直前推弹力带;回位还原,左右腿交替完成 1 次动作。

动作训练:每组 8～12 次,重复 2～3 组,组间间歇 30～90 秒。

注意事项:避免低头、弓背,避免弓步蹲时膝盖超过脚尖。

图 3-46 为弓步前推动作示范。

图 3-46　弓步前推

3)弓步后拉

动作功能:锻炼背部、腿部肌肉。

动作要领:弹力带固定于体前,与髋同高;双脚站立,与肩同宽,双手紧握弹力带,双臂伸直于体侧,躯干挺直;向后弓步蹲,同时双臂屈肘向后拉弹力带;回位还原,左右腿交替完成 1 次动作。

动作训练:每组 8～12 次,重复 2～3 组,组间间歇 30～90 秒。

注意事项:避免低头、弓背,避免弓步蹲时膝盖超过脚尖。

图 3-47 为弓步后拉动作示范。

图 3-47　弓步后拉

4)弓步斜上拉

动作功能:锻炼上、下肢肌肉。

动作要领:弹力带固定于右脚前脚掌;双手掌心向内,紧握弹力带,手臂伸直交叉在身体前方;向后弓步蹲,同时直臂向斜上方拉弹力带;回位还原。

动作训练:每侧 8～12 次,左右交替为 1 组,重复 2～3 组,组间间歇 30～90 秒。

注意事项:背部挺直,弓步蹲时膝关节不要超过脚尖。

图 3-48 为弓步斜上拉动作示范。

图 3-48　弓步斜上拉

5)立姿交替推

动作功能:锻炼胸部、肩部肌肉。

动作要领:弹力带固定于体后地面;双脚分开,与肩同宽,膝微屈,双手紧握弹力带于胸部两侧；左右手交替向斜上方推。

动作训练：每组 12～20 次，重复 2～3 组，组间间歇 30～90 秒。

注意事项：避免身体扭动。

图 3－49 为立姿交替推动作示范。

图 3－49　立姿交替推

6）立姿旋转

动作功能：锻炼腰腹部肌肉。

动作要领：弹力带固定于体侧，与胸同高；双脚站立，略宽于肩，膝微屈，双臂伸直，双手合十紧握弹力带于胸口正前方；以外侧腿为轴旋转身体；回位还原。

动作训练：每侧 8～12 次，左右腿交替为 1 组，重复 2～3 组，组间间歇 30～90 秒。

注意事项：旋转时手臂始终伸直，眼随手走。

图 3－50 为立姿旋转动作示范。

图 3－50　立姿旋转

7）箭步蹲胸部前推

动作功能：锻炼下肢肌肉，提高腰腹部控制力。

动作要领：弹力带固定于体侧，与髋同高；右腿在前，左腿在后箭步蹲，双手合十紧握弹力带于胸前；向前水平推至手臂伸直。

动作训练：每组8～12次，左右交替为1组，重复2～3组，组间间歇30～90秒。

注意事项：避免耸肩、弓背，避免膝关节超过脚尖、膝内扣。

图3-51为箭步蹲胸部前推动作示范。

图3-51　箭步蹲胸部前推

8)弹力带前平举

动作功能：锻炼肩部肌肉。

动作要领：弹力带穿过两脚脚底；双脚站立，与肩同宽，膝微屈，躯干挺直，双手合十紧握弹力带，直臂下垂置于大腿内侧；双手直臂上拉至与地面水平。

动作训练：每组8～12次，重复2～3组，组间间歇30～90秒。

注意事项：避免耸肩。

图3-52为弹力带前平举动作示范。

图3-52　弹力带前平举

9)腿俯身后拉

动作功能:提高身体稳定性。

动作要领:弹力带固定于体前,与髋同高;右腿单腿站立,体前屈 90 度,双手直臂紧握弹力带,置于肩前方,掌心向下;躯干挺直,左腿水平后伸,双手从两侧向后拉;回位还原。

动作训练:每侧 8～12 次,左右交替为 1 组,重复 2～3 组,组间间歇 30～90 秒。

注意事项:保持身体稳定。

图 3－53 为腿俯身后拉动作示范。

图 3－53　腿俯身后拉

10)单腿站立推拉

动作功能:锻炼上下肢肌肉,提高身体稳定性。

动作要领:弹力带固定于体前地面;右腿站立,左腿屈膝抬起,至大腿与地面平行,双手合十紧握弹力带于胸口,向前推出,手臂伸直;回位还原。

动作训练:每侧 8～12 次,左右交替为 1 组,重复 2～3 组,组间间歇 30～90 秒。

注意事项:保持身体稳定。

图 3－54 为单腿站立推拉动作示范。

图 3－54　单腿站立推拉

11)单腿后撤步划船

动作功能:锻炼上、下肢肌肉。

动作要领:弹力带固定于体前地面,双脚自然站立,双手紧握弹力带于身体两侧,右腿后撤步同时双臂伸直向前;右腿向前屈膝抬腿,同时双臂屈肘向后拉,连续练习。

动作训练:每侧 8～12 次,左右交替为 1 组,重复 2～3 组,组间间歇 30～90 秒。

注意事项:避免低头、弓背。

图 3－55 为单腿后撤步划船动作示范。

图 3－55　单腿后撤步划船

12)单脚站立交替划船

动作功能:锻炼上、下肢肌肉,提高身体稳定性。

动作要领:弹力带固定于体前地面;右腿站立,左腿屈膝抬起至大腿与地面平行,双手紧握弹力带于身体两侧;双手交替前后拉伸。

动作训练:每侧 8～12 次,左右交替为 1 组,重复 2～3 组,组间间歇 30～90 秒。

注意事项:支撑腿伸直,避免弓背。

图 3－56 为单脚站立交替划船动作示范。

13)提膝单臂拉

动作功能:提高身体稳定性。

动作要领:弹力带固定于体前,与髋同高;右弓步蹲,躯干挺直,略微前倾,左手在身前直臂反握弹力带,屈肘后拉,掌心向上,左腿向前提膝;回位还原。

动作训练:每侧 8～12 次,左右交替为 1 组,重复 2～3 组,组间间歇 30～90 秒。

注意事项:保持身体稳定。

图 3-56　单脚站立交替划船

图 3-57 为提膝单臂拉动作示范。

图 3-57　提膝单臂拉

14)下拉

动作功能:锻炼腰腹部肌肉。

动作要领:弹力带固定于体侧,高于头部;双手合十紧握弹力带,置于右肩斜前上方,躯干挺直,向左转体,双手直臂向左斜下方拉;回位还原。

动作训练:每侧 8～12 次,左右交替为 1 组,组间间歇 30～90 秒。

注意事项:躯干转动带动双手下拉;重心在两脚间随躯干转动转移。

图 3-58 为下拉动作示范。

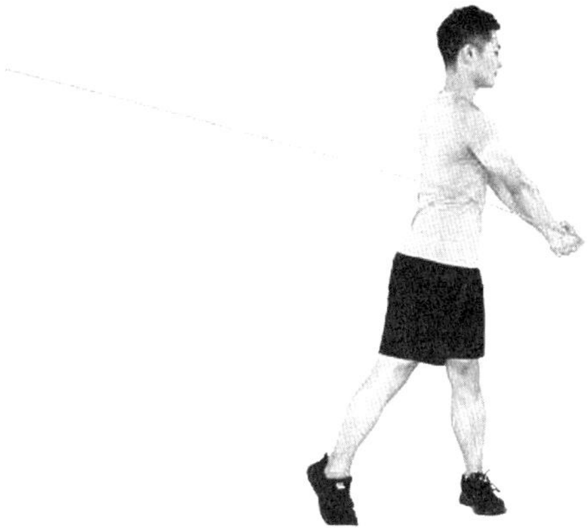

图 3 - 58　下拉

15)站姿蹲推跳

动作功能:锻炼上、下肢肌肉。

动作要领:弹力带固定于体后地面;半蹲,双脚与肩同宽,双手紧握弹力带于肩膀两侧,腿部发力向上跳起,同时手臂伸直向上推拉。

动作训练:每组 8～12 次,重复 2～3 组,组间间歇 30～90 秒。

注意事项:避免身体过于向前跳跃。

图 3 - 59 为站姿蹲推跳动作示范。

图 3 - 59　站姿蹲推跳

16)侧支撑前推

动作功能:锻炼肩部、胸部肌肉,提高身体稳定性。

动作要领：弹力带固定于体后地面；侧支撑，右臂屈肘撑地，身体呈一条直线，左手紧握弹力带于胸旁，手臂伸直向前推；回位还原。

动作训练：每侧 8～12 次，左右交替为 1 组，重复 2～3 组，组间间歇 30～90 秒。

注意事项：保持身体稳定。

图 3-60 为侧支撑前推动作示范。

图 3-60　侧支撑前推

17）单腿臀桥交替上拉

动作功能：锻炼上肢肌肉，提高身体稳定性。

动作要领：弹力带固定于地面；仰卧垫上，脚朝弹力带固定方向，双腿屈膝，略宽于肩，臀部向上抬起，身体呈一条直线；双手紧握弹力带，手臂伸直于身体上方，右腿抬起与左腿呈 90 度，双手交替上拉至手臂与地面平行。

动作训练：每侧 10～20 次，左右交替为 1 组，重复 2～3 组，组间间歇 30～90 秒。

注意事项：保持臀部上抬。

图 3-61 为单腿臀桥交替上拉动作示范。

图 3-61　单腿臀桥交替上拉

18）棒式下拉

动作功能：锻炼上肢肌肉，提高身体稳定性。

动作要领：弹力带固定于地面；平板支撑，头朝弹力带固定方向，右臂屈肘撑地，左手伸直紧握弹力带，然后反手下拉；回位还原。

动作训练：每侧 8～12 次，左右交替为 1 组，重复 2～3 组，组间间歇 30～90 秒。

注意事项：保持身体稳定。

图 3－62 为棒式下拉动作示范。

图 3－62　棒式下拉

19）屈腿直臂下压

动作功能：锻炼上肢肌肉。

动作要领：弹力带固定于地面；仰卧于垫上，头朝弹力带固定方向，双腿抬起屈膝 90 度，双手与肩同宽，紧握弹力带于头顶上方，双手下拉至身体两侧。

动作训练：每组 8～12 次，重复 2～3 组，组间间歇 30～90 秒。

注意事项：避免颈部用力。

图 3－63 为屈腿直臂下压动作示范。

图 3－63　屈腿直臂下压

5. 弹力圈健身法

弹力圈与弹力带相仿，可以给目标肌肉施加阻力，达到增加肌肉含量、提高肌肉质量的效果。弹力圈是一件能随时随地快速进行全身性健身的小器械，这种小器械的训练改变和颠覆了传统的健身方式，多样性和趣味性的训练方法引领了新的健身潮流。弹力圈有不同的阻力级别，可以根据训练的部位和强度来选择购置。相对于弹力带而言，弹力圈的稳定性更强一些，更易于学习新的动作和纠正错误的姿势，被更多的女性和长者所接受并愿意尝试。弹力圈的动作变换有千万种，但是更重要的是训练中动作的完整度和舒展度。训练动作越标准，越需要更多体力，越消耗更多热量，我们特此选取了 13 个动作推荐给大家。

1)颈后下拉

动作功能:锻炼背部肌肉。

动作要领:弹力圈套于双手手背上;身体直立,双手上举与肩同宽,掌心向前;双手向两侧打开,屈肘下拉至上臂与肩平行;缓慢还原。

动作训练:每组 8～12 次,重复 2～3 组,组间间歇 30～90 秒。

注意事项:保持肩胛骨回缩。

图 3-64 为颈后下拉动作示范。

图 3-64　颈后下拉

2)单腿俯身划船

动作功能:锻炼背部、臀部肌肉。

动作要领:弹力圈套于右脚前脚掌;身体直立,屈髋 45 度,左手直臂紧握弹力圈,置于右膝前方,同时左腿向后抬起;左手屈肘上拉,肘关节略超过身体;恢复还原。

动作训练:每侧 8～12 次,左右交替为 1 组,重复 2～3 组,组间间歇 30～90 秒。

注意事项:避免弓背弯腰,不要低头。

图 3-65 为单腿俯身划船动作示范。

图 3-65　单腿俯身划船

3)俯撑横向移动

动作功能:锻炼腰腹部肌肉,提高肩部稳定性。

动作要领:弹力圈套于双手手腕;俯撑,身体呈一条直线;右手支撑,左手向左移动,然后右脚支撑,左脚向左移动;左手支撑,右手向左移动,然后左脚支撑,右脚向左移动;左右交替完成 1 次动作。

动作训练:每组 8～12 次,重复 2～3 组,组间间歇 30～90 秒。

注意事项:避免弓背、塌腰。

图 3－66 为俯撑横向移动动作示范。

图 3－66　俯撑横向移动

4)弓步半蹲

动作功能:锻炼臀部、腿部肌肉。

动作要领:弹力圈套于双侧膝关节上方;双脚分开,与肩同宽;双手叉腰,躯干挺直,右脚向前弓步半蹲,然后右腿收回还原;左右交替完成 1 次动作。

动作训练:每组 8～12 次,重复 2～3 组,组间间歇 30～90 秒。

注意事项:弓步腿膝关节不要超过脚尖。

图 3－67 为弓步半蹲动作示范。

图 3－67　弓步半蹲

5)上、下台阶

动作功能:锻炼腿部肌肉,提高踝关节稳定性。

动作要领:弹力圈套于双膝关节上方;双手叉腰,两脚分开,连续上、下台阶。

动作训练:每侧 15～20 次,左右交替为 1 组,重复 2～3 组,组间间歇 30～90 秒。

注意事项:躯干挺直。

图 3 - 68 为上、下台阶动作示范。

图 3 - 68　上、下台阶

6)蚌式开合

动作功能:锻炼臀外侧肌肉。

动作要领:弹力圈套于两膝关节;身体右侧卧,头枕右臂,左手胸前撑地;双腿并拢,屈髋屈膝;躯干挺直,左膝关节向上打开至最大幅度,保持 1～2 秒;缓慢还原。

动作训练:每侧 8～12 次,左右交替为 1 组,重复 2～3 组,组间间歇 30～90 秒。

注意事项:保持躯干稳定、双脚并拢。

图 3 - 69 为蚌式开合动作示范。

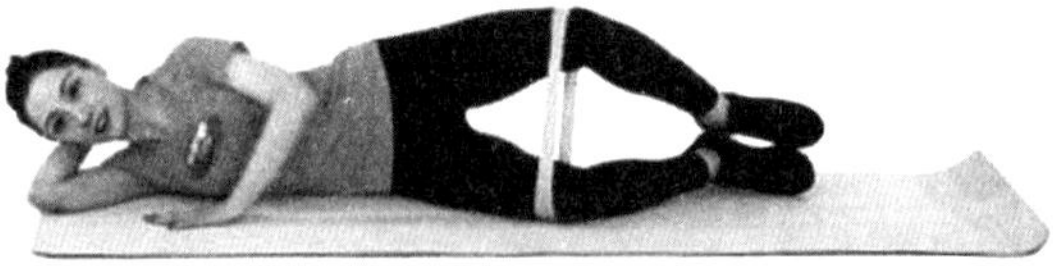

图 3 - 69　蚌式开合

7)跪撑后踢腿

动作功能:锻炼臀部肌肉。

动作要领:弹力圈分别套于右膝下方、左膝上方;跪撑,屈髋屈膝 90 度,腰背挺直;左侧大腿向上抬起至与地面平行;缓慢还原。

动作训练:每侧 8～12 次,左右交替为 1 组,重复 2～3 组,组间间歇 30～90 秒。

注意事项:骨盆稳定,不要侧倾、塌腰。

图 3-70 为跪撑后踢腿动作示范。

图 3-70　跪撑后踢腿

8)臀桥髋外展

动作功能:锻炼臀部肌肉。

动作要领:弹力圈套于双膝上方;仰卧垫上,双腿屈膝,与肩同宽,两手放于身体两侧,掌心向下;臀部向上抬起,至躯干与大腿呈一条直线;双膝缓慢向两侧打开到最大幅度,保持 1～2 秒;缓慢还原。

动作训练:每组 8～12 次,重复 2～3 组,组间间歇 30～90 秒。

注意事项:避免耸肩。

图 3-71 为臀桥髋外展动作示范。

图 3-71　臀桥髋外展

9)侧支撑弹力圈划船

动作功能:锻炼背部、腰腹部肌肉。

动作要领:身体侧支撑成一条直线,右肘屈 90 度撑地;左手握住弹力圈,另一端固定,上臂贴身向后拉。

动作训练：每侧 8～12 次，左右交替为 1 组，重复 2～3 组，组间间歇 30～90 秒。

注意事项：避免弓背，确保身体稳定。

图 3－72 为侧支撑弹力圈划船动作示范。

图 3－72　侧支撑弹力圈划船

10）站姿直腿后抬

动作功能：锻炼臀部肌肉，提高身体平衡性。

动作要领：弹力圈套于两侧脚踝；双脚自然站立，双手叉腰，腰背挺直；重心移于右腿，左腿向后抬起，保持 1～2 秒；缓慢还原。

动作训练：每侧 8～12 次，左右交替为 1 组，重复 2～3 组，组间间歇 30～90 秒。

注意事项：保持身体稳定，避免过度前倾。

图 3－73 为站姿直腿后抬动作示范。

图 3－73　站姿直腿后抬

11）单腿侧向触地

动作功能：锻炼臀部肌肉，提高身体稳定性。

动作要领：弹力圈套于两侧脚踝；双脚自然站立，双手叉腰，腰背挺直；屈髋屈膝，重心移于右腿，左脚向外缓慢蹬出，保持 1～2 秒；缓慢还原。

动作训练：每侧 8～12 次，左右交替为 1 组，重复 2～3 组，组间间歇 30～90 秒。

注意事项：避免弓背、弯腰、低头。

图 3－74 为单腿侧向触地动作示范。

图 3－74　单腿侧向触地

12）侧卧髋外展

动作功能：锻炼臀部外侧肌肉。

动作要领：弹力圈套于两侧脚踝；侧卧，头枕右臂，身体呈一条直线，左手胸前撑地，双腿并拢，伸直勾脚尖；左腿向上缓慢抬起，保持 1～2 秒；缓慢还原。

动作训练：每侧 8～12 次，左右交替为 1 组，重复 2～3 组，组间间歇 30～90 秒。

注意事项：保持身体稳定。

图 3－75 为侧卧髋外展动作示范。

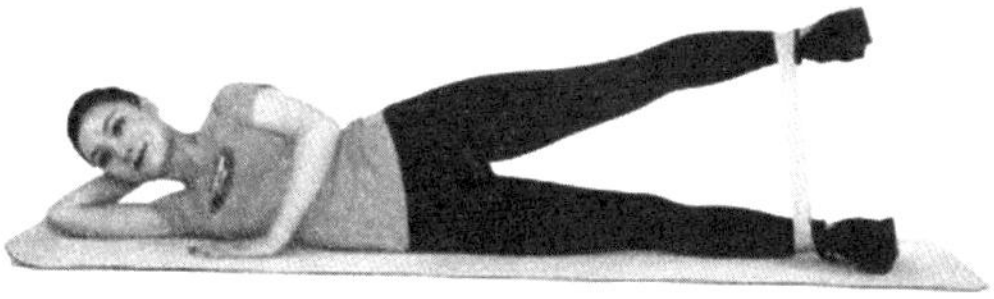

图 3－75　侧卧髋外展

13）俯撑屈膝上抬

动作功能：锻炼腰腹部肌肉，提高身体控制能力。

动作要领：弹力圈套于双脚脚掌中间；俯撑，身体呈一条直线；右脚贴地上移至大腿与地面垂直，保持 1～2 秒；缓慢还原。

动作训练：每侧 8～12 次，左右交替为 1 组，重复 2～3 组，组间间歇 30～90 秒。

注意事项：避免低头。

图 3－76 为俯撑屈膝上抬动作示范。

图 3－76　俯撑屈膝上抬

6. 哑铃健身法

作为比较传统的健身练习，哑铃健身法相对前两者而言，大家更耳熟能详一些，我们特此选取了 14 个基本动作推荐给大家。

1）哑铃前臂内旋

动作功能：锻炼前臂肌肉。

动作要领：右手持哑铃，右前臂置于凳上，掌心朝上；左手固定右肘部，右前臂内旋转至哑铃垂直位；缓慢还原。

动作训练：每侧 8～12 次，左右交替为 1 组，重复 2～3 组，组间间歇 30～90 秒。

注意事项：保持肘部固定。

图 3－77 为哑铃前臂内旋动作示范。

图 3－77　哑铃前臂内旋

2）哑铃手腕弯举

动作功能：锻炼前臂肌肉。

动作要领:双手持哑铃,双臂置于凳上,掌心朝上;屈腕至最大角度,随后缓慢放至最低位。

动作训练:每组 8～12 次,重复 2～3 组,组间间歇 30～90 秒。

注意事项:保持肘部固定。

图 3－78 为哑铃手腕弯举动作示范。

图 3－78　哑铃手腕弯举

3)哑铃坐姿单侧托臂弯举

动作功能:锻炼上臂肌肉。

动作要领:坐于凳上,右手持哑铃置于两腿之间,前臂向下伸直,上臂位于右大腿内侧;屈肘将前臂抬至最高点;缓慢还原。

动作训练:每侧 8～12 次,左右交替为 1 组,重复 2～3 组,组间间歇 30～90 秒。

注意事项:上臂倚靠大腿内侧保持稳定。

图 3－79 为哑铃坐姿单侧托臂弯举动作示范。

图 3－79　哑铃坐姿单侧托臂弯举

4)哑铃坐姿颈后臂屈伸

动作功能:锻炼上臂肌肉。

动作要领:坐于凳上,双手同时握住一个哑铃,双臂向上伸直;屈肘,前臂向后自然下垂;两上臂靠近耳侧保持固定不动,上臂发力以肘关节为轴,将哑铃上举至最高处;缓慢还原。

动作训练:每组 8～12 次,重复 2～3 组,组间间歇 30～90 秒。

注意事项:选择合适的重量,避免肘关节过分外展。

图 3－80 为哑铃坐姿颈后臂屈伸动作示范。

图 3－80　哑铃坐姿颈后臂屈伸

5)哑铃单臂俯立划船

动作功能:锻炼背部肌肉。

动作要领:右腿跪于凳上,俯立,右手扶凳,躯干与地面平行;左手持哑铃,手臂垂直于地面,屈肘将哑铃提拉至体侧。

动作训练:每侧 8～12 次,左右交替为 1 组,重复 2～3 组,组间间歇 30～90 秒。

注意事项:避免弓背、塌腰。

图 3－81 为哑铃单臂俯立划船动作示范。

6)哑铃平板仰卧飞鸟

动作功能:锻炼胸部肌肉。

动作要领:平躺于凳上,双手持哑铃,掌心向上;双臂自然张开,向内画弧举至胸部正上方;缓慢还原。

动作训练:每组 8～12 次,重复 2～3 组,组间间歇 30～90 秒。

注意事项:双臂张开时,上臂和前臂的角度约为 100～120 度。

图 3－81　哑铃单臂俯立划船

图 3－82 为哑铃平板仰卧飞鸟动作示范。

图 3－82　哑铃平板仰卧飞鸟

7)哑铃平板卧推

动作功能:锻炼胸部肌肉。

动作要领:平躺于凳上,双手持哑铃屈肘于胸部两侧;向上推起,双臂伸直;缓慢还原。

动作训练:每组 8～12 次,重复 2～3 组,组间间歇 30～90 秒。

注意事项:避免动作速度过快。

图 3－83 为哑铃平板卧推动作示范。

8)哑铃肩上推举

动作功能:锻炼肩部肌肉。

动作要领:双手持哑铃,双脚站立,与肩同宽;屈肘置于肩上方,手心向前,两侧划弧向上推举哑铃;缓慢还原。

图 3 - 83　哑铃平板卧推

动作训练：每组 8～12 次，重复 2～3 组，组间间歇 30～90 秒。

注意事项：躯干挺直，动作缓慢。

图 3 - 84 为哑铃肩上推举动作示范。

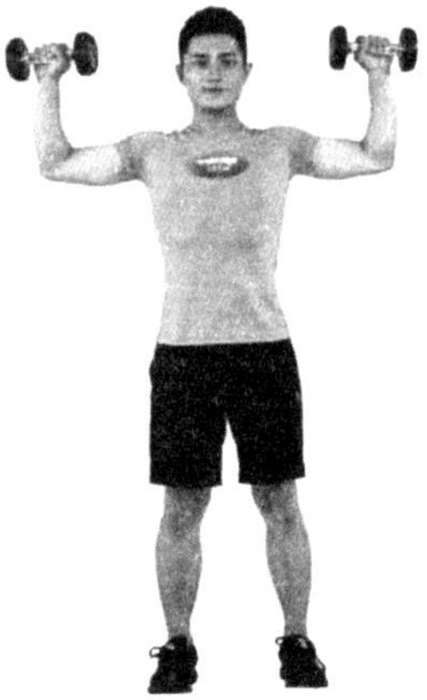

图 3 - 84　哑铃肩上推举

9）哑铃直立飞鸟

动作功能：锻炼肩部肌肉。

动作要领：双手持哑铃于身体两侧，双脚站立，与肩同宽；挺胸收腹，身体直立，肘关节屈至 100～120 度；双臂同时向两侧举起至上臂与地面平行；缓慢还原。

动作训练：每组 8～12 次，重复 2～3 组，组间间歇 30～90 秒。

注意事项：肘关节角度保持固定，身体保持稳定。

图 3 - 85 为哑铃直立飞鸟动作示范。

图 3－85　哑铃直立飞鸟

10)哑铃俯身飞鸟

动作功能:锻炼肩部肌肉。

动作要领:双手持哑铃,双脚站立,与肩同宽;俯身向下与地面平行,双膝微屈;掌心相对,肘关节屈至 100～120 度,向两侧平举至上臂与地面平行;缓慢还原。

动作训练:每组 8～12 次,重复 2～3 组,组间间歇 30～90 秒。

注意事项:避免弓背,肘关节角度保持固定,保持身体稳定。

图 3－86 为哑铃俯身飞鸟动作示范。

图 3－86　哑铃俯身飞鸟

11)哑铃直立单臂颈后臂屈伸

动作功能:锻炼上臂肌肉。

动作要领:右手持哑铃,双脚站立,与肩同宽;右臂向上伸直于头的一侧,上臂不动以肘关节为轴,前臂及哑铃缓慢下落至颈后,上臂发力将哑铃上举至最高处;缓慢还原。

动作训练:每侧 8～12 次,左右交替为 1 组,重复 2～3 组,组间间歇 30～90 秒。

注意事项：上臂尽量贴近耳侧，垂直于地面，保持上臂稳定。

图 3-87 为哑铃直立单臂颈后臂屈伸动作示范。

图 3-87　哑铃直立单臂颈后臂屈伸

12）哑铃直腿硬拉

动作功能：锻炼臀部、大腿后侧肌肉。

动作要领：双手持哑铃于体侧偏前方，双脚站立，与肩同宽；双膝微屈，哑铃顺着大腿前方下降，俯身，腰背挺直；臀部发力，使身体直立。

动作训练：每组 8～12 次，重复 2～3 组，组间间歇 30～90 秒。

注意事项：避免哑铃在俯身过程中触地，动作需缓慢进行。

图 3-88 为哑铃直腿硬拉动作示范。

图 3-88　哑铃直腿硬拉

13）哑铃负重深蹲

动作功能：锻炼下肢肌肉。

动作要领：双手持哑铃于体侧，双脚站立与肩同宽；下蹲至大腿尽量与地面平行，站立还原。

动作训练：每组8～12次，重复2～3组，组间间歇30～90秒。

注意事项：保持腰背挺直，躯干稳定，避免膝关节内扣。

图3-89为哑铃负重深蹲动作示范。

图3-89 哑铃负重深蹲

14)哑铃负重箭步蹲

动作功能：锻炼腿部肌肉。

动作要领：自然站立，双手持哑铃于体侧；右脚向前迈一大步，单腿下蹲成箭步，右腿收回还原。

动作训练：每侧8～12次，左右交替为1组，重复2～3组，组间间歇30～90秒。

注意事项：身体直立，两脚同时用力。

图3-90为哑铃负重箭步蹲动作示范。

图3-90 哑铃负重箭步蹲

3.3.2 拓展资料

1. 肌肉适能的健身方法

肌肉适能的健身方法依据不同的分类标准可以归纳为多种形式(见表3-2)。每一种健身手段都可从身体练习的动力特征(力的支点、大小和方向)、动作构成(动作的姿势、速度、轨迹、时间和节奏)和动作过程(动作的开始、持续和结束)三个层面予以解析。

表3-2 肌肉适能的健身方法分类

分类依据	健身方法
肌肉收缩形式	等动收缩法、等张收缩法、静力性等长收缩法、超等长收缩法、综合循环法
肌肉工作方式	静力性法、等张性法、等动性法、退让性法、超等长法、电刺激法、组合练习法
力量表现形式	最大力量法、快速力量法、力量耐力法
与专项的关系	一般力量法、专项力量法
接受刺激部位	上肢力量法、下肢力量法、核心力量法

以上的每个类型又可依据具体的实践要求再细分成第三层次的练习手段。例如:可以把最大力量的健身方法分成基础力量、高强度力量、极限强度力量、极限动作次数等练习方式;把电刺激的健身方法分成直接与间接电刺激;把振动的健身方法分成局部和全身振动手段;等等。

2. 肌肉适能的健身原则

肌肉适能练习一般应用抬起重物时的向心收缩练习法或缓慢放下重物时的离心收缩练习法,这两种练习方法都强调“快起慢放”的动作要领。当然,大多数的肌肉练习既包含了向心收缩练习法(举起重物),又包含了离心收缩练习法(放下重物),甚至还可以包含静力性练习法(举起重物并坚持一定时间)。肌肉适能练习过程中既可以利用健身房的组合设备、简单的健身器械或身边可得的自由重物,也可以利用自身的体重来徒手进行。肌肉适能练习的制订原则主要包括以下方面:

(1)就练习部位而言,如进行全身练习,首先应该是上肢肌群的练习,其次是下肢肌群的练习,最后是躯干肌群的练习。

(2)就练习内容而言,既要做到主辅分明,又要做到主次兼顾。例如,如果练习的目标是发展力量耐力,那么还应计划一定的最大力量的练习;如果练习的目标是发展动力性力量，那么还应计划一定的静力性力量练习。

(3)就练习形式而言，建议首先选择上、下肢闭合链的练习方法，其次是利用简单器械(哑铃和橡皮条等)的练习，再次是比较易行的徒手练习，最后是可以借助于大型健身设备的练习。

(4)就健身兴趣而言，建议对相同的目标部位，应该定期地改变一下练习的具体方式。

3. 肌肉适能的运动量

肌肉骨骼系统是人体最大的组织之一，是运动健身的主要目标，在运动过程中肌肉适能的提高是对身体稳态的一个重大挑战。与静息状态相比，骨骼肌激活时的代谢率甚至可以提高 100 倍。这种应激反应和适应性涉及从肌膜到线粒体的整个肌肉纤维结构，包括肌原纤维、细胞外基质以及肌纤维周围的毛细血管。肌肉适能运动量的确定通常可以归纳为以下方面：

1)持续时间

在以动力性练习方式为主的健身活动中，进行一次动作的时间一般为 4～6 秒(抬起过程为 1～2 秒，放下过程为 2～4 秒)。在以静力性练习方式为主的健身活动中，进行一次动作的时间一般为 10 秒以上。如果某个动作在历经一段辛苦的练习周期之后可以坚持更久的时间，就意味着肌肉适能已经获得了提升而应该及时地增加练习重量了。

2)运动频率

无论是采取动力性还是静力性的练习方式，建议其运动频率都维持在每周 3～4 次。当然，对于每个人而言，运动频率还要依据个体的承受能力和具体的发展目标来确定。

3)组数、次数和间隔时间

(1)如进行动力性练习，建议每个动作(每个部位或肌群)每次练习时重复 3～5 组。当一段周期肌肉力量获得提升之后，应该要增加负荷重量而不再增加重复的组数。如进行静力性练习，建议每个动作只进行 1～2 组。

(2)如进行动力性练习，建议每一组动作的重复次数要根据自身的最大力量的数值而定，一般可以采取 6～12 次直至力竭。当一段周期肌肉力量获得提升之后，也应该要增加负荷重量而不再是增加重复的次数。如进行静力性练习，每一组动作的重复次数一般建议为 3～5 次。

(3)如进行动力性练习，两组之间的间隔一般建议为 40～60 秒，每一组内的每次动作之间不需间隔时间。如进行静力性练习，两组之间的间隔一般建议为60～90秒，每一组内的动作之间建议为20～30秒。

4.肌纤维的分类与特征

人体的慢肌纤维只有一种类型（Ⅰ型纤维），也称为慢氧化或慢缩纤维。相对于快肌纤维，慢肌纤维中包含着更为丰富的氧化酶，即含有大量线粒体，微血管系统更充盈。此外，慢肌纤维还有高浓度的肌红蛋白。高浓度血红蛋白、大量的微血管与高线粒体活性，使得Ⅰ型纤维具有较高的氧化代谢能力和抗疲劳能力。虽然慢肌纤维在缩短系数、力量能力及功率上（慢肌纤维的肌球蛋白ATP酶活性比快肌纤维低）要远远逊于其他两种纤维，但是从效率角度来看，Ⅰ型肌纤维可以消耗更少的能量，做功时间更持久。所以Ⅰ型肌纤维要比Ⅱ型纤维更经济、更高效。人体中存在两种快肌纤维：Ⅱa型和Ⅱx型，Ⅱx型纤维有时也被称为快缩纤维或快速糖解纤维，其线粒体数量相对较少，有氧代谢能力有限，与慢肌纤维相比，其抗疲劳能力较差。但是这一类肌纤维富含糖解酶，所以会提供较高的无氧能力。而Ⅱa型纤维也称为中间纤维，Ⅱa型纤维所表现的生化特性和疲劳特征介于Ⅱx型纤维和Ⅰ型纤维之间。从理论上讲，Ⅱa型纤维可视为融合了Ⅰ型纤维和Ⅱx型纤维二者特征的一种纤维。定期的训练可改变人类肌纤维的生化和收缩性特征，使得快肌纤维转化为慢肌纤维。值得注意的是，将骨骼肌划分为三种类型是便于区别不同肌纤维功能特征的方法，每一类型的肌纤维具有类似的生化和收缩特性。然而，Ⅱx型纤维、Ⅱa型纤维和Ⅰ型纤维的生化及收缩特征在实际中相互关联，不可被绝对区分。更具体来说，某一肌纤维常表现出多种类型纤维的特征而并不是单一的一种。例如：某些肌纤维常包含多种形态的ATP酶（同时包含Ⅰ型和Ⅱa型纤维的肌球蛋白酶，还有些同时包含Ⅱa型和Ⅱx型纤维的肌球蛋白ATP酶）。肌纤维组成与年龄、性别并没有显著关系，长期久坐的男性或者女性平均慢肌纤维含量约为50%。优秀的爆发力型运动员通常体内快肌纤维的比例较高，而耐力型运动员含体内则有较高的慢肌纤维。

3.4 提升柔韧适能的健身方法

3.4.1 必读知识点

1.柔韧适能的概念

柔韧适能是指机体各个关节的活动范围以及髋关节的肌肉、肌腱和韧带等软组织的伸展特征。因此，从其概念不难看出，柔韧性适能的影响因素包含两个层面：第一是人体关节的结构特征，比如关节面的结构形状、关节囊的紧致程度以及周围韧带的包绕情况等。第二是关节周围的相关肌肉和软组织的结构特征和力学特征，假如某个关节周围的肌肉和软组织的数量丰富或者体积较大，再加上肌肉的弹性较差，则不利于关节的活动幅度，其柔韧适能就会处于较低的水平。一般认为，人体关节的结构性因素取决于先天遗传因素，在后天则难以去自然地改变，而其他的因素则能够通过针对性的健身活动加以改善。另外，女性因其肌肉体积较小、弹性较大而有利于关节的活动幅度，因此女性的柔韧适能普遍优于男性。

2. 柔韧适能的练习方式

柔韧适能练习的主要目的是提升肌肉的弹性和伸展性，增强关节软组织的机能。所以，牵拉肌肉的练习是提升柔韧适能的主要练习方式，比如动力性和静力性的伸展练习。柔韧适能的练习方式一般以主动运动、被动运动和外力辅助运动为主。通过主动运动来提升人体的柔韧适能时，一般采用某些幅度较大的、自身可以完成的四肢练习动作。被动运动往往应用于康复训练，一般会通过一些器械或工具(如肋木和毛巾等)来完成练习。外力辅助运动则是在为了达到健身效果但自身不能或是不敢用力时，所采取的通过他人或设备给予助力而完成的练习。值得注意的是，对于正常人而言，其关节的结构一般不会存在活动障碍，柔韧适能水平的高低主要取决于肌肉的延展性。静力性的牵张练习作为提升柔韧适能的练习方法具备独有的优势，比如可以更大程度地规避关节的过度摩擦。静力性牵张的练习方式通常可以分为上半身的练习和下半身的练习。“人老腿先老”，下半身的柔韧适能似乎在人体的发展过程中更为重要，不过，考虑到人的全面发展，建议同等地看待身体各个部位的柔韧适能。

3. 柔韧适能的可塑性

因流感和其他病毒感染而出现的肌肉疼痛是一种众所周知的症状，是病毒对组织造成直接和间接伤害的结果。肌肉酸痛可能是由病毒直接感染组织以及机体为对抗病毒入侵释放细胞因子产生炎症反应所致。研究表明，进行伸展运动、发展柔韧适能，是对抗这种肌肉疼痛的有效途径。办公室与居家是在职职工的主要活动场所，对于在职职工来说，一天之中大部分时间都处于坐着的工作状态，容易导致颈腰痛、体质下降、慢性病等的发生。柔韧适能较强的可塑性来自肌肉弹性的锻炼，我们特别推荐两种适合在居家或办公室内进行的提升柔韧性的健身方法，供广大的在职职工进行健身选择。

4. 桌椅健身法

充分利用工间零碎时间，充分利用工作的物理空间，充分利用身边的工具，是最易行的、最易坚持的健身方式。

1)坐姿伸展

动作功能：伸展上身肌肉。

动作要领：坐于椅上；双臂充分上举，向前伸腰，掌根向后牵拉，仰视 5 秒。

动作训练：每组 5 次，重复 2～3 组，组间间歇 30～90 秒。

注意事项：正常呼吸，动作缓慢轻柔。

图 3-91 为坐姿伸展动作示范。

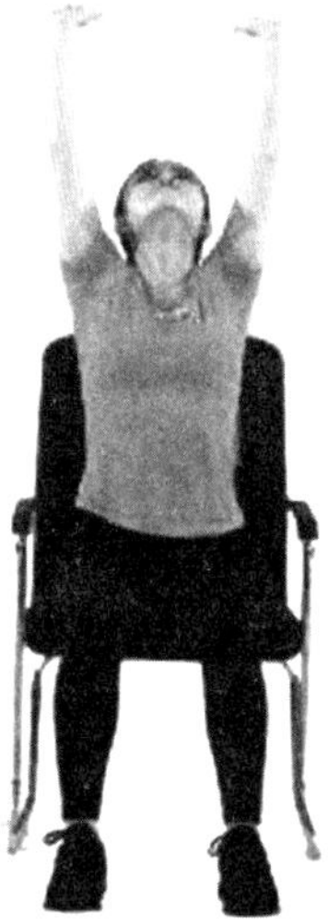

图 3-91　坐姿伸展

2)坐姿肩胛回收

动作功能：拉伸肩部、胸部肌肉。

动作要领：坐于椅上，双手叉腰，双脚并拢；吸气，胸廓上提，肩胛骨向后回收，平视前方，保持 1～2 秒；呼气还原。

动作训练：每组 8～12 次，重复 2～3 组，组间间歇 30～90 秒。

注意事项：避免耸肩。

图 3-92 为坐姿肩胛回收动作示范。

3)双手背扣

动作功能：增强肩部柔韧性。

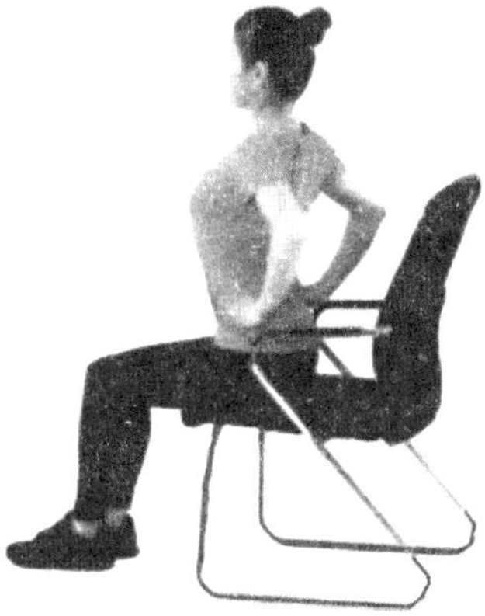

图 3－92　坐姿肩胛回收

动作要领：坐于椅上，平视前方；右臂抬起，屈肘，右手由上向下放于背后，左手从左下向上抬起，尽量两手交扣。

动作训练：每侧 10～30 秒，左右交替为 1 组，重复 2～3 组，组间间歇 30～90 秒。

注意事项：避免低头、含胸、塌腰。

图 3－93 为双手背扣动作示范。

图 3－93　双手背扣

4）压肩

动作功能：拉伸肩部、背部肌肉。

动作要领：自然站立，双手扶椅；臀部后坐，充分下压肩部和腰部。

动作训练：每组 10～30 秒，重复 2～3 组，组间间歇 30～90 秒。

注意事项：动作轻柔、缓慢。

图 3 - 94 为压肩动作示范。

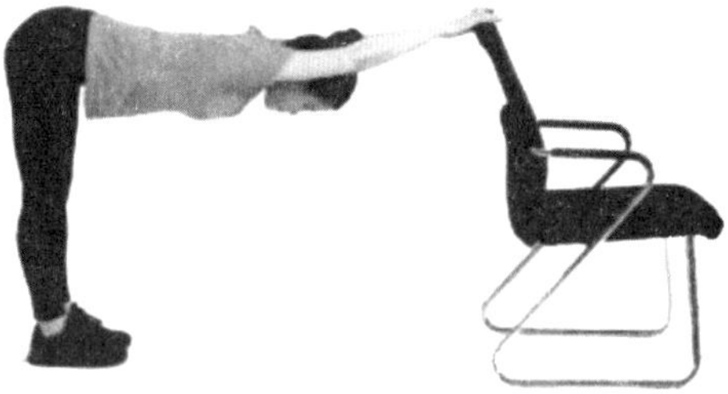

图 3 - 94　压肩

5）反向压肩

动作功能：拉伸肩部肌肉。

动作要领：背靠桌子，两手掌心朝下，置于体后扶住桌子；屈膝、屈髋，肘关节可微曲。

动作训练：每组 10～30 秒，重复 2～3 组，组间间歇 30～90 秒。

注意事项：力度不宜过猛。

图 3 - 95 为反向压肩动作示范。

图 3 - 95　反向压肩

6）桌椅俯卧撑

动作功能：锻炼胸部、上臂肌肉。

动作要领：双手扶桌，保持稳定，两前臂同身体夹角尽量呈 90 度，双脚并拢；胸部下压靠近桌子，再用力撑起还原。

动作训练：每组 8～10 次，重复 2～3 组，组间间歇 30～90 秒。

注意事项：确保桌椅稳固，身体保持平直。

图 3－96 为桌椅俯卧撑动作示范。

图 3－96 桌椅俯卧撑

7)椅子屈臂撑

动作功能：锻炼手臂肌肉。

动作要领：双手后伸，指尖向前撑于椅边；身体下压降至肘关节约 90 度，撑起身体还原。

动作训练：每组 8～10 次，重复 2～3 组，组间间歇 30～90 秒。

注意事项：确保椅子稳定。

图 3－97 为椅子屈臂撑动作示范。

图 3－97 椅子屈臂撑

8)背部扭转

动作功能：增强胸椎灵活性。

动作要领：坐于椅上，上身前倾，右手扶椅背，左手抵住右膝外侧转动胸部，抬头眼看上方。

动作训练：每侧 10～15 秒，左右交替为 1 组，重复 2～3 组，组间间歇 30～90 秒。

注意事项：避免头部下垂，确保椅子稳定。

图 3－98 为背部扭转动作示范。

图 3－98　背部扭转

9)坐姿侧屈伸展

动作功能：拉伸躯干侧面肌肉。

动作要领：坐于椅上，双脚自然分开，腰背直立；右手置于左大腿外侧，左手上举，身体向右弯曲，掌心朝下，肘尽量伸直，保持 5～10 秒；左右交替完成 1 次动作。

动作训练：每组 8～12 次，重复 2～3 组，组间间歇 30～90 秒。

注意事项：确保臀部紧贴座椅，动作缓慢轻柔，幅度逐渐增加。

图 3－99 为坐姿侧屈伸展动作示范。

图 3－99　坐姿侧屈伸展

10)坐姿俯身触地

动作功能:拉伸背部肌肉。

动作要领:坐于椅上,两腿分开比肩略宽,双脚触地保持稳定;俯身两手前伸,尽量触及地面;缓慢还原。

动作训练:每组 10～15 秒,重复 2～3 组,组间间歇 30～90 秒。

注意事项:动作缓慢轻柔,下腰幅度逐渐增加,切勿过猛。

图 3－100 为坐姿俯身触地动作示范。

图 3－100　坐姿俯身触地

11)大腿前侧拉伸

动作功能:拉伸大腿前侧肌肉。

动作要领:右手扶椅,自然站立;屈左膝,左手抓住左脚踝,再将脚踝向臀部拉伸。

动作训练:每侧 30～60 秒,左右交替为 1 组,重复 2～3 组,组间间歇 30～90 秒。

注意事项:避免前倾。

图 3－101 为大腿前侧拉伸动作示范。

图 3－101　大腿前侧拉伸

12)站姿坐起

动作功能:锻炼腿部肌肉。

动作要领:背对座椅,小臂重叠置于胸前;臀部缓慢向下坐于椅子前端,再快速站起还原。

动作训练:每组 10～15 次,重复 2～3 组,组间间歇 30～90 秒。

注意事项:躯干挺直,避免膝关节内扣。

图 3－102 为站姿坐起动作示范。

图 3－102　站姿坐起

13)辅助后撤步下蹲

动作功能:锻炼臀部、腿部肌肉。

动作要领:手扶桌椅,挺直站立;右脚后撤向下蹲,使前后腿膝关节均保持 90 度,再站立还原;左右交替完成 1 次动作。

动作训练:每组 8～12 次,重复 2～3 组,组间间歇 30～90 秒。

注意事项:避免弓背,动作应缓慢。

图 3－103 为辅助后撤步下蹲动作示范。

图 3－103　辅助后撤步下蹲

14)坐姿勾脚尖

动作功能:提高踝关节灵活性,拉伸小腿后侧肌肉。

动作要领:坐于椅上,腰背挺直;右脚跟离地,用力勾脚尖,使小腿后侧肌肉充分牵拉,维持 5~10 秒钟;左右交替完成 1 次动作。

动作训练:每组 8~12 次,重复 2~3 组,组间间歇 30~90 秒。

注意事项:保持身体稳定。

图 3-104 为坐姿勾脚尖动作示范。

图 3-104　坐姿勾脚尖

5. 墙壁健身法

墙壁健身法是适合大多数人群的柔韧适能练习,尤其适于体质相对较弱的老年人。

1)扶墙跷二郎腿

动作功能:拉伸臀部肌肉。

动作要领:侧对墙壁,外侧腿支撑站立,膝盖微屈;内侧手扶墙,内侧脚踝置于外侧膝盖上方,外侧手抓住脚踝;上身挺直,臀部向下坐,至臀部有牵拉感,保持状态。

动作训练:每侧 30~90 秒,左右交替为 1 组,重复 2~3 组,组间间歇 30~90 秒。

注意事项:臀部尽量向下坐。

图 3-105 为扶墙跷二郎腿动作示范。

2)扶墙前后摆腿

动作功能:提高髋关节灵活性,拉伸大腿后侧肌肉。

动作要领:侧对墙壁,内侧手扶墙,外侧腿支撑;内侧腿前后摆动至最大幅度,感受到大腿后侧有牵拉感。

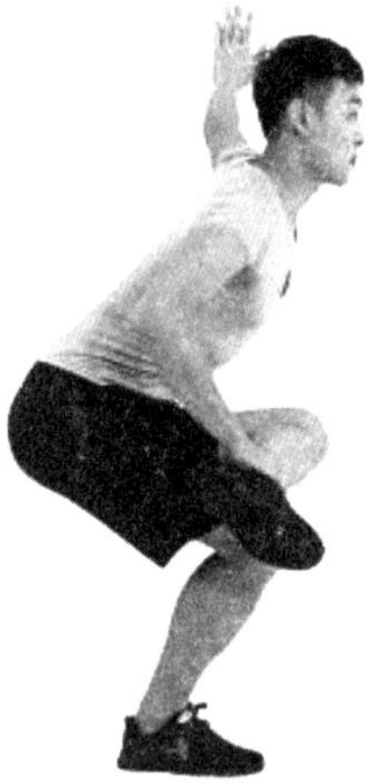

图 3-105 扶墙跷二郎腿

动作训练：每侧 15～20 次，左右交替为 1 组，重复 2～3 组，组间间歇 30～90 秒。

注意事项：躯干挺直。

图 3-106 为扶墙前后摆腿动作示范。

图 3-106 扶墙前后摆腿

3)扶墙左右摆腿

动作功能：提高髋关节灵活性。

动作要领：双手扶墙，右腿支撑；左腿伸直左右摆动，尽量摆至最大幅度。

动作训练：每侧 15～20 次，左右交替为 1 组，重复 2～3 组，组间间歇 30～90 秒。
注意事项：不要塌腰，保持上身稳定，髋关节尽量打开。
图 3－107 为扶墙左右摆腿动作示范。

图 3－107　扶墙左右摆腿

4）扶墙高抬腿

动作功能：锻炼腿部肌肉。
动作要领：双手扶墙，倾斜站立；收紧腰腹，交替抬腿，向上时用力勾脚尖。
动作训练：每组 10～30 次，重复 2～3 组，组间间歇 30～90 秒。
注意事项：身体呈一条直线，尽力将大腿抬高。
图 3－108 为扶墙高抬腿动作示范。

图 3－108　扶墙高抬腿

5）靠墙静蹲

动作功能：锻炼腿部肌肉。

动作要领：背对墙站立，双脚与肩同宽，头、背部、臀部贴紧墙壁；双脚前移至大腿与地面平行，膝盖弯曲呈 90 度，保持静蹲状态。

动作训练：每组 30～90 秒，重复 2～3 组，组间间歇 30～90 秒。

注意事项：避免膝盖超过脚尖。

图 3－109 为靠墙静蹲动作示范。

图 3－109　靠墙静蹲

6）靠墙单腿静蹲

动作功能：锻炼腿部肌肉。

动作要领：肩背靠墙，双手扶墙面；双脚前移至大腿与地面平行，膝盖弯曲呈 90 度，然后右腿抬至平行于地面，保持静蹲状态。

动作训练：每侧 30～90 秒，左右交替为 1 组，重复 2～3 组，组间间歇 30～90 秒。

注意事项：上身紧贴墙壁。

图 3－110 为靠墙单腿静蹲动作示范。

7）扶墙小腿后侧拉伸

动作功能：拉伸小腿后侧肌肉。

动作要领：扶墙站立，右膝关节微曲，左腿伸直，前脚掌贴于墙面，脚后跟尽量靠近墙面；重心前移拉伸小腿。

动作训练：每侧 30～60 秒，左右交替为 1 组，重复 2～3 组，组间间歇 30～90 秒。

注意事项：避免弓背。

图 3-110　靠墙单腿静蹲

图 3-111 为扶墙小腿后侧拉伸动作示范。

图 3-111　扶墙小腿后侧拉伸

3.4.2　拓展资料

1. 柔韧适能的运动量

1)运动强度

柔韧适能的运动强度主要强调的是每个练习的动作幅度，主观感受(局部牵拉感、疼痛感)与客观的幅值(关节的活动角度)都可以成为柔韧适能运动强度的依据，过小的运动强度不足以提升柔韧适能，而过大的运动强度则会带来伤害事件

(伤痛、拉伤、撕裂等)。

2)持续时间

在最初进行练习时,当每个动作出现牵拉感或微痛感时可以坚持 10～20 秒。经过一定的训练提高之后,当每个动作达到无痛感时可以持续 60 秒及以上。

3)运动频率

根据"运动处方"理论的建议,柔韧适能的练习最好是每天进行一次。当然,隔天练习一次对于时间紧迫的人群来讲也是不错的选择。提升柔韧适能的练习基本上可以安排在每个练习所必备的准备部分和结束部分的过程之中。

4)重复次数与间隔时间

每次的柔韧适能练习同样的动作建议重复 3～4 组,每组动作的持续时间建议是 10～60 秒,两组之间的休息时间建议为 60～90 秒。

2. 拉伸练习的作用

拉伸练习是指通过肌肉主动收缩或借助外力而最大限度地改变关节活动度的一种活动方式,它是提升柔韧适能的主要手段。最大限度地改变关节活动度,主要通过提升机体软组织的弹性和长度得以实现,特别是肌肉的弹性与长度。拉伸练习的作用至关重要,例如,在每次健身活动的准备阶段进行拉伸练习,其作用是提升肌肉的代谢水平,提高肌肉的收缩能力,增加关节活动的幅度,降低肌肉损伤的风险;在每次健身活动的结束阶段进行拉伸练习,其作用主要是加快消除机体内运动代谢产物并加速肌肉的恢复过程。

3.5 改善身体成分的健身方法

3.5.1 必读知识点

1. 身体成分与体质健康

身体成分是人体结构和功能的物质基础,对于体质健康而言具有重要意义,依据身体成分可以诊断、预测疾病风险,评估体适能、健康状况,调整饮食及运动方案。身体成分的不均衡将会导致肥胖、营养不良、骨质疏松、水肿等疾病。关于改善身体成分的健身方法,大家可以根据自身的目标,参照提升健康体适能的具体方法。

2. 病毒感染与营养

营养是身体成分的物质支撑,合理膳食可以改善身体成分,进而抗击病毒感染。临床数据显示,因病毒感染而死亡的患者多为老年人,主要是老年人随着年龄增长会出现其他疾病并发症和营养不良问题,症状由轻到重的发展与营养状况密切相关。营养支持通过减少氧化应激和增强免疫力,可以帮助人们降低病毒感染的风险或减轻症状。当然,并没有单一的营养元素或膳食补充可以预防或治疗病毒感染。

营养状况影响免疫稳态,而营养不良将损害人体对病原体的免疫反应。其中,维生素和微量元素对维持免疫系统的功能至关重要,补充适量的维生素和微量元素可以增强人体对病毒感染的免疫力。

3. 运动与增肌、减脂

有氧运动减脂,抗阻运动增肌,这是许多人固有的认知。但其实两者都可以消耗人体的热量,只是健身方式不同而已。两者在不同的强度练习后都会有助于增肌、减脂与塑形,只要每次健身的耗能相同,两者的减脂效果就是相似的。心肺功能不佳或肌肉力量缺乏其实都不健康,所以建议两方面都要发展。研究表明,将两者结合进行健身,练习效果会更佳。建议在健身的顺序安排上应先进行力量训练,再进行有氧训练,这样最能达到增肌、减脂的目的,其主要原因如下:

(1)力量练习会优先利用身体储存的糖类进行能量供应,在肌肉内糖分充足的情况下进行力量练习,肌肉会展现出更强大的力量与更快的组间恢复能力,肌肉的生长也就更有效率。

(2)有氧训练的主要目的是为了降低体脂,当我们在糖分储备不足的情况下进行有氧练习时,身体就会消耗更多的脂肪。

(3)有氧训练后人体极为疲劳,此时再进行力量练习就会增加运动损伤的风险。因此,一次高效的健身活动最好从力量练习开始,用肌肉里充足的糖分支撑起更大的重量,当肌肉里的糖分消耗得差不多时再进行有氧练习,以激活更多的脂肪消耗。大家可以根据自己的健身目标(增肌为主或减脂为主),合理控制力量与有氧的练习比例。

4. 肥胖症的现状

目前,全球仍有近 7.95 亿人每天忍受着饥饿的煎熬。中国居民的生活方式在过去的三四十年发生了巨大变化,物质生活极大丰富,人们的膳食结构变化显著。根据《中国居民营养与慢性病状况报告(2020 年)》的数据,中国成年人中已经有超过一半的人存在超重或肥胖,成年居民(18 岁及以上)超重率为 34.3%,肥胖率为 16.4%。按照绝对人口数来计算,全国已经有 6 亿人处于超重肥胖的状态,达到全球第一。除了超重、肥胖的基数大外,其增长率也不容乐观。在过去的 30 年间,超重率和肥胖率在各个年龄段都在不断地上升,各年龄段超重率和肥胖率平均增长 2.5 倍左右。成年人超重或肥胖的产生除了多吃和少动外，还有不少原因应当归咎于现代快节奏生活和来自工作、生活的压力。在“过劳肥”受害者名单上，不少行业榜上有名，典型的“过劳肥”职业包括但不限于 IT 行业工作者、广告行业工作者、金融行业工作者、医务工作者等。工作、学习的压力和强度也会显著影响人的睡眠。WHO 数据调查显示，全球有 27%的人存在睡眠障碍，其中中国占 38.2%。相关调查显示，2013—2018 年，中国人平均睡眠时间由 8.8 小时缩短到 6.5 小时，我国成为睡眠问题高发国家。每天睡眠不足带来的直接后果就是体内内分泌水平的失调。其中，瘦素是维持体重不超标的重要元素，缺觉会影响瘦素分泌。此外，睡眠不足往往会引起人的精神不振，久坐少动使得脂肪蓄积。在久坐、熬夜时，一些压力激素如大脑皮质醇激素、肾上腺激素会增加分泌，而压力激素分泌旺盛会让人靠不停吃东西来减少这些压力的释放。需要警惕的是，睡眠不足这一昔日成年人生活中肥胖的高危因素也正在被越来越多的儿童所“共享”。根据中国睡眠研究会发布的《中国青少年儿童睡眠状况调查白皮书(2019)》，中国 6～17 周岁的青少年儿童中，62.9% 的青少年儿童睡眠时间不足 8 小时，课业压力成为影响孩子睡眠的第一因素。36.5% 的睡眠质量差的孩子会出现肥胖，睡眠状况优的孩子的比例仅为 3.7%。目前中国居民的整体健康素养还不高，预计全人群平均健康素养到 2030 年才能达到 30%。过去的四十多年，中国从国家层面已经陆续出台了一些肥胖防控相关的政策和行动方案，包括促进营养和体力活动的政策和行动。这些政策和行动产生了一些好的结果，但是未能有效遏制超重率肥胖率持续上升。无论是全球还是中国，均面临着肥胖的严峻挑战，但是尚未形成全面有效的防控策略和措施。

5.肥胖者的运动建议

肥胖与很多疾病都密切相关，2021 年 6 月，欧洲肥胖研究学会总结了超重和肥胖成人运动训练的建议，主要建议共有 15 条，其中涵盖减重、减脂、减少内脏脂肪、减少肝内脂肪以及改善血压，具体建议如下：

(1)减肥和减脂。有氧训练和高强度间歇训练(HIIT)效果相似，建议优先选择每周 150～200 分钟至少中等强度的有氧运动，或者经评估心血管风险和监测后，也可选择高强度间歇训练。

(2)减重后维持体重。建议进行每周 200～300 分钟中等强度的有氧运动。

(3)减重期间保持瘦体重。建议进行中-高强度抗阻训练。

(4)内脏减脂和肝内减脂。优先选择中等强度的有氧运动，经心血管风险评估后可选择高强度间歇训练。

(5)增加胰岛素敏感性。建议进行任何类型的运动(包括有氧、抗阻以及有氧＋抗阻的运动组合)，或者进行高强度间歇训练。

(6)改善血压。中等强度的有氧运动可以降低超重或肥胖者平均 2 毫米汞柱的血压。

(7)提高心肺适能。建议进行任何类型的运动(包括有氧、抗阻以及有氧＋抗阻的运动组合)，或者进行高强度间歇训练。

(8)提高肌肉适能。优先选择抗阻训练或结合有氧运动。

(9)改善饮食行为。运动有助于改善饮食行为。

(10)增加饥饿感和饱腹感。运动会增加空腹饥饿感，但有助于提高饱腹感。

(11)提高生活质量。建议进行基于有氧、抗阻及有氧＋阻抗运动组合的运动训练计划。

(12)减重手术。术后保持运动，这有助于减少肌肉流失、改善胰岛素敏感性、改善心肺适能，建议进行有氧＋抗阻运动训练。

(13)改善体适能。建议进行有氧＋抗阻运动，以改膳肌体的体适能。

(14)增加肌肉。建议进行有氧＋抗阻运动，以增加肌体肌肉。

(15)改变运动习惯。进行促进行为改善练习和面对面行为干预练习。

3.5.2　拓展资料

1. 有益健康的体力活动量

我们给大家推荐目前国际普遍使用的一种体力活动量的评价工具，即国际体力活动问卷(IPAQ 量表)。IPAQ 量表包括短卷和长卷两个问卷，短卷主要观察的指标有中等强度体力活动情况、步行情况、静坐时间以及重体力活动的状况等。而长卷主要观察的指标有与个人的职业、家务、交通行程、休闲娱乐以及静坐相关的五个类别的体力活动状况(共计 27 个问题)。短卷的测评比较简单易懂，并给出了具体的根据问卷计算能量消耗量的方法，比较适合用于体力活动的监测。而长卷通常用于日常体力活动的测评，比较适合进行体力活动评估的深入研究。IPAQ 量表可以直接让大家感受自己是处于低强度体力活动、中强度体力活动和高强度体力活动中的哪一个水平，也可以通过简单的问卷获得个人在某个时期一周或一天具体的能量消耗，为体力活动的量化提供保障。建议大家在实施自己的运动处方时，经常填写 IPAQ 量表并评估自己的体力活动水平。IPAQ 量表(短卷)和评价办法如下。

IPAQ 量表(短卷)

以下问题是关于在过去 7 天你用于体力活动的时间。但是请你只计算每次持续 10 分钟或 10 分钟以上的活动。就算你觉得自己平时很少活动都不要紧，只要你尽量回答所有的问题。你可以想一下你在家里、公园、工作时的体力活动，又或者从一个地方去另一个地方，和你业余时间消遣或者锻炼身体所进行的活动。请你先想一想在过去的7天做过些什么消耗大量体力的剧烈活动。剧烈活动是指令你觉得呼吸明显加快、吃力很多的活动，例如做苦力、提重物、打篮球、游泳，跑步等。

1. 在过去的7天里面，你有多少天做了一些剧烈的体力活动？（我所指的是任何每次持续10分钟或以上的剧烈活动。）

(1)□□天。

(2)没做过任何剧烈的体力活动→转到第3个问题。

2. 在过去7天里面，平均每日你做了多少小时和多少分钟的剧烈体力活动？（同样我所指是每次持续10分钟或以上的剧烈活动。如果受访者因活动持续的时间没规律而无法作答，则问：你在过去7天共用了多少时间进行剧烈的活动？）

(1)平均每天□□小时□□分钟。

(2)过去7天总共□□小时□□分钟。

现在请你想想在过去7天做的中等强度的体力活动。中等强度的体力活动是指令你呼吸比正常稍加快的活动，例如提轻物、拖地、擦窗、缓步跑、打乒乓球、打高尔夫球、打太极拳等，但不包括步行。

3. 在过去的7天里面，有多少天你做了一些中等强度的体力活动？（我所指是任何每次持续10分钟或以上的中等强度的体力活动。）

(1)□□天。

(2)没有做过任何中等强度的体力活动→转到第5个问题。

4. 在过去7天里面，平均每日你做了多少小时和多少分钟的中等强度的体力活动？（同样我所指是每次持续10分钟或以上的中等强度的体力活动。如果受访者因活动持续的时间没规律而无法作答，则问：你在过去7天共用了多少时间进行中等强度的体力活动？）

(1)平均每天□□小时□□分钟。

(2)过去7天总共□□小时□□分钟。

现在请你想想在过去7天用于步行的时间，包括工作时步行、在家里步行以及由一个地方步行到另一个地方，也包括消遣或锻炼身体所进行的步行。

5. 在过去7天里面，有多少天你持续步行了10分钟或以上？请包括任何形式的步行。

(1)□□天。

(2)没有做过任何形式的步行→转到第7个问题。

6. 在过去7天里面，平均每日你用了多少时间步行？（同样我所指是每次持续10分钟或以上的步行。如果受访者因步行持续的时间没规律而无法作答，则问：

你在过去7天共用了多少时间步行?)

(1)平均每天□□小时□□分钟。

(2)过去7天总共□□小时□□分钟。

现在请你仔细回想你过去7天里(除周六、日外)用于坐的时间,包括你工作时、在家里、做作业时以及你休闲时用于坐的时间,还包括你去看朋友时坐着的时间,阅读时和坐着(躺着)看电视的时间,也包括你躺着(不是因为睡觉而躺下)但清醒的时间。

7.在过去7天里,除星期六、星期日外,平均每天你用于坐的时间是多少?(如果受访者因为持续坐的时间没有规律而无法回答,则问:在星期三那天你用于坐的时间是多少?)

(1)平均每天□□小时□□分钟。

(2)星期三那天总共□□小时□□分钟。

IPAQ量表评价办法

1. IPAQ体力活动水平计算公式:每种活动类型的体力活动水平按相应的代谢当量赋值乘以每周相应活动的总持续时间计算。运动强度一律以MET表示,持续时间以min(分)表示,体力活动量以MET·min表示。

一周体力活动量活动水平=代谢当量×每天持续时间×天数

2. IPAQ个体体力活动水平分组标准。

(1)高强度体力活动水平需满足下述两条标准中的任意一条:

①各类高强度体力活动合计≥3天,且每周总体力活动水平≥1 500 MET·min。

②步行、中强度、高强度的体力活动合计≥7天,且每周总体力活动水平≥3000 MET·min。

(2)中强度体力活动水平需满足下述三条标准中的任意一条:

①满足每天至少20分钟的各类高强度体力活动,合计≥3天。

②满足每天至少30分钟的各类中强度体力活动或步行类活动,合计≥5天。

③步行、中强度、高强度的体力活动合计≥5天,且每周总体力活动水平≥600 MET·min。

(3)低体力活动水平需满足下述两条标准中的任意一条:

①没有报告任何活动。

②报告了某些活动,但是不满足上述中、高强度体力活动水平的分组标准。

2. 肥胖症的成因

人在不同时期,储存脂肪的方式也有所不同:年少时,我们优先增加脂肪细胞的数量;成年后,则先把已有的脂肪细胞装满,成年人体重的增加主要源于储脂的增多。美国洛克菲勒大学的赫希教授发现了一种可以估算体内脂肪细胞总数的方法，研究显示，肥胖症的脂肪细胞数量可以增加到2500亿个（是常人的10倍），其体积能够是常人的4倍之多。身体总是希望回到它自己的平衡点，这个平衡点的高低受许多因素的影响，如家族遗传、营养状况、体育锻炼、性别与年龄等。毫无疑问，对一些人而言，这个体重的平衡点是偏高了。身体又是如何得知体重变化呢？实际上，我们的脂肪组织会向大脑通报储脂情况，如果储存过多，它们会大量释放一种称为瘦素的激素，指挥大脑节制食欲，或许还会激发人们运动的兴趣；反之，它们则默不作声。另外，体重似乎还和肠胃中的细菌有关，肠胃中的细菌能促进食物的消化吸收。研究发现，在人们减肥的过程中，胃肠中拟杆菌的数量也会明显增加，从而对抗体重的降低。目前的研究表明，我们已经发现某些单因素（如瘦素缺乏、糖皮质激素过多）所致的体重异常增加的原因，但脂肪量的变动很可能没有一个普遍性的原因。要透彻地理解发胖原因，还必须求助于进化论，人体内的某些基因，在如今这个高营养的时代，可能是长胖最本质的根源。图3-112为肥胖体质分类示意图。

图3-112　肥胖体质的分类

3. 肥胖和慢性病

肥胖会增加很多其他慢性病风险，前瞻性队列研究表明，超重和肥胖与罹患高血压、Ⅱ型糖尿病、心血管疾病和某些癌症（如乳腺癌、结肠直肠癌、子宫内膜癌、肝癌、卵巢癌和胰腺癌）的风险显著相关。相关领域仍有大量空白需要未来的研究来填补。例如，在中国人群中开展的大多数研究只使用了单个时间点的体质指数（BMI）或腰围（WC）测量值，且主要是在30岁及以上人群中进行的。然而，人的体重在整个生命周期中都会变化。美国的一些研究表明，早期肥胖状态和生命早期阶段的体重变化可能会对慢性病的风险和晚年的死亡风险产生深远的影响。预计未来中国肥胖相关的健康和经济负担还会持续增加。预计到2030年，中国成人、学龄儿童青少年和学龄前儿童的肥胖率可能分别达到65.3%、31.8%和15.6%，而肥胖的人数可能分别达到78995万、5892万和1819万。到2030年，归因于肥胖的医疗费用将达 180 亿元人民币，约占全国医疗费用总额的 22%。值得注意的是，这个预测可能是保守的，并且没有考虑医疗保健服务费用的长期增长和肥胖相关的间接费用（包括但不限于旷工、提前退休、残疾等）。

4. 肥胖防控的国家行动

1949 年以来，中国实施了 70 余项与肥胖相关的国家政策和干预行动，主要针对人们的饮食与体力活动，重点关注儿童的生长发育与身体健康。这些相关的政策和干预行动可分为三类：①以营养及学校为基础的行动，如学生营养改善行动和健康儿童行动计划（2018—2020 年）、国家营养校园计划、中国学生营养日等；②运动促进活动，如快乐 10 分钟、万步有约活动、亿万学生阳光体育活动等；③综合行动措施，其中有三减三健（即减盐、减糖、减油、健康体重、健康口腔、健康骨骼）行动和全民健康生活方式行动（2017—2025 年）等。2016 年发布的“健康中国”战略更为建立肥胖防控政策体系提供了历史机遇。2020 年 10 月，中国发布了《儿童青少年肥胖防控实施方案》，该方案明确了国家肥胖防控目标是将 2020—2030 年 0—18 岁儿童超重率和肥胖率年均增幅在 2002—2017 年超重率和肥胖率年均增幅基础上均降低 70%，并强调健康饮食和体力活动的重要性，以及家长、学校、医疗机构和政府在防控肥胖流行方面的责任。基于当前严峻的形势，中国未来肥胖防控的工作应注意：建立全面的肥胖防控法律法规体系；加强政府责任，强化跨机构合作，采取综合措施，开展肥胖防控；改善致肥环境；建立肥胖防控的财政政策；支持建立健康的家庭、学校、社区和工作场所；完善肥胖防控卫生服务体系；减少肥胖率分布的不均衡性。

5. 中国肥胖防控的紧迫性

（1）过去四十多年来，中国人群中超重率、肥胖率以及相关医疗费用都在急剧增加，如果没有有效的防控策略，今后将会持续增加。

（2）中国已经实施了一些与肥胖防控相关的政策和行动，但仍不足以控制肥胖的流行。今后的工作需要解决导致肥胖的多层次、多方面的政策、环境、经济、社会和行为因素问题。

（3）一个包括法律法规在内的协调和支持性政策体系对于创建一个肥胖防控监管环境以帮助公众做出健康生活方式选择至关重要。

（4）包括政府、公共卫生从业者、医疗服务提供者、健康保险公司及行业、社区、学校、家庭和个人等所有相关者都应共同努力，来改善致肥胖环境及促进健康生活方式。

（5）中国迫切需要开展更多研究，以评估与肥胖相关政策的有效性，并促进形成有效和可持续的解决方案，这对其他国家防控肥胖也有借鉴意义。

第4章　体质健康的监测与评价

4.1　测评体质健康的意义

4.1.1　必读知识点

1. 体质健康测评的意义

健康是体质的外在表现和最终目的，而体质则是健康的基础与源泉。健康离开体质就是无源之水、无本之木，而增强人民体质的目的就是为了促进人民健康。俗话说“不动一身病，动错一身伤”，有的人越锻炼身体越棒，有的人却越锻炼伤病越多，甚至在运动中发生心脑血管意外。在运动之前，科学评估自己的身体状况与运动能力，是安全、有效地进行健身的基本保障。体质健康的测评是一个全新的健康管理理念，其核心是健康风险防控，通过运动能力测评，每个人都可以预知身体潜在的风险，了解在运动中身体所能承受的限度。对于不同的人群，体质健康测评具有不同的价值。例如，对于老年人来说，不仅可以全面评估运动风险，还有可能发现常规体检不易检出的潜在疾病，这有利于及早控制疾病进展，实现全面的健康管理；对于年轻人来说，可以充分了解整体身体素质，明确运动锻炼的近期和远期目标，为制订精准化、个体化的运动方案打下基础。当前，人群中普遍存在运动不足、超重、肥胖等问题，通过体质健康测评，可以避免因不当运动所导致的心脑血管意外、急慢性运动损伤等问题。

2. 运动前的健康筛查

运动的风险与效益并存，在确定个体活动方案之前必须要进行健康筛查，要对自己的体质健康水平有一个正确和客观的评价，从而最大限度地规避风险，取得身体锻炼的最大利益。

(1)在参与健身活动时，必须要顾忌到禁忌证的存在，运动的禁忌证分为绝对和相对两种类型。带有绝对禁忌证的人群必须要在病情稳定或进行针对性的治疗之后才可以参与健身活动或是健身之前的运动测试过程，而带有相对禁忌证的患者则可在医务监督下酌情开展一些低强度的运动或是测试过程。

运动的绝对禁忌证有：①近期安静时心电图显示有严重心肌缺血，近期心肌梗死(2 天内)或其他急性心脏事件；②不稳定性心绞痛；③可引起症状或血液改变的未控制的心律失常；④严重的有症状的主动脉狭窄；⑤未控制的有症状的心力衰竭；⑥急性肺栓塞或肺梗死；⑦急性心肌炎或心包炎；⑧怀疑或已知动脉瘤破裂；⑨急性全身感染，伴发热、全身疼痛或淋巴结肿大。

运动的相对禁忌证有：①冠状动脉左干支狭窄；②中度狭窄性心瓣膜病；③电解质紊乱（如低钾血症、低镁血症）；④严重高血压（收缩压≥200 mmHg，舒张压≥110 mmHg）；⑤心动过速或心动过缓；⑥肥厚性心肌病或其他形式的流出道狭窄；⑦运动中加重的神经肌肉、肌肉骨骼和风湿性疾病；⑧重度房室传导阻滞；⑨室壁瘤；⑩未控制的代谢性疾病（如糖尿病、甲状腺功能亢进或粘黏性水肿）；⑪慢性感染性疾病（如艾滋病）；⑫精神或躯体障碍导致的运动能力显著低下。

（2）如果不存在以上运动禁忌证的情况，还要特别针对 CVD 的无症状个体进行运动之前的筛查，因为在进行大强度运动时，发生 CVD 事件的风险（猝死、急性心肌梗死等）在所有的运动风险中破坏力最强。针对潜性的 CVD 筛查办法可以分为两类：自我筛查和专业筛查。大多数人通过自我筛查就可以选择性地进行各项运动了，但如果在自我筛查过程中出现了预设问题，需要联系处方师、医师，进行进一步的专业筛查。健康状态的自我筛查可以通过体力活动准备问卷（PAR－Q 问卷）和运动前心脏风险筛查问卷逐步排查自己在 CVD 方面的安全隐患。PAR－Q 问卷适用于 15～60 岁的人群，其他年龄段者请遵照必要的家庭、学校的监护或医疗机构的医务监督。体力活动准备问卷和运动前心脏风险筛选问卷如下。

体力活动准备问卷（适用于 15～60 岁人群）

规律的体力活动可以促进人体健康并愉悦身心，对于大多数人而言，运动是相对安全的。而对某些人群而言，在开展更为剧烈的体力活动之前必须要经过专业人士的检查。所以，大家在开始比目前活动强度更大的体力活动时，请先认真阅读并回答下列 8 个问题，并填写“是”或“否”，PAR－Q 问卷会提示您是否需要在运动前进行医学体检。

序号	问题	是/否
1	您是否患有心脏病并仅能参加医生推荐的活动？	
2	当您进行体力活动时，胸部是否有疼痛感？	
3	在过去 1 个月中，当您不参与体力活动时是否感到胸部有疼痛感？	
4	您是否有由于头昏而失去平衡、跌倒或失去知觉的经历？	
5	您是否有因体力活动变化而加重的骨骼或关节（背、膝、髋等关节）病？	
6	您现在是否服用降压或心脏病的治疗性药物？	
7	您是否知道一些您不能进行体力活动的其他原因？	
8	您的血压是否超过了 144/94 mmHg？	

若上述问题中有1个或更多个问题的回答为“是”，那么您应该在剧烈活动之前咨询医生，并根据医生的建议在安全范围内运动。若8个问题的回答都是“否”，那么您可以循序渐进地进行更多的体力活动。

注：PAR－Q问卷的信效度一般可保持12个月，之后应重新填写、再次评价。此表源自加拿大生理学会，并根据著者的理解增加了第8个问题，供大家参考。

运动前心脏风险筛查问卷

请您通过以下调查项目如实地做出确认标记，以得到客观的自我健康评价。

<table>
<tr><th colspan="2">调查项目</th><th>标记√</th><th>解释说明</th></tr>
<tr><td rowspan="9">1.病史</td><td>[1]一次心脏病的发作</td><td></td><td rowspan="22">如果您在这22个项目中有任何1项及以上的情况，请务必在运动前咨询内科医生或健康管理人士，您可能在运动前需要医学检查、运动测试和运动时的医务监督</td></tr>
<tr><td>[2]心脏手术</td><td></td></tr>
<tr><td>[3]心导管插入术</td><td></td></tr>
<tr><td>[4]经皮冠状动脉成形术</td><td></td></tr>
<tr><td>[5]心脏起搏器或除颤器或复律器</td><td></td></tr>
<tr><td>[6]心脏瓣膜病</td><td></td></tr>
<tr><td>[7]心力衰竭</td><td></td></tr>
<tr><td>[8]心脏移植</td><td></td></tr>
<tr><td>[9]先天性心脏病</td><td></td></tr>
<tr><td rowspan="6">2.症状</td><td>[10]在用力时有过胸部不适</td><td></td></tr>
<tr><td>[11]有过不明原因的呼吸困难</td><td></td></tr>
<tr><td>[12]有过头晕、昏厥或昏倒</td><td></td></tr>
<tr><td>[13]有过脚踝肿胀</td><td></td></tr>
<tr><td>[14]有过心跳加速而产生的不适</td><td></td></tr>
<tr><td>[15]正在服用治疗心脏病的药物</td><td></td></tr>
<tr><td rowspan="7">3.其他健康问题</td><td>[16]有糖尿病</td><td></td></tr>
<tr><td>[17]有哮喘或其他肺部疾病</td><td></td></tr>
<tr><td>[18]当短距离行走时有过小腿发热或抽筋</td><td></td></tr>
<tr><td>[19]有限制运动的肌肉、骨骼问题</td><td></td></tr>
<tr><td>[20]关心过运动的安全性</td><td></td></tr>
<tr><td>[21]正在服用处方药</td><td></td></tr>
<tr><td>[22]已经怀孕</td><td></td></tr>
</table>

续表

<table>
<tr><th colspan="2">调查项目</th><th>标记√</th><th>解释说明</th></tr>
<tr><td rowspan="12">4.心血管危险因素(CVD危险分级)</td><td>[23]男性不小于 45 岁，女性不小于 55 岁</td><td></td><td rowspan="12">如果您在这 12 个项目中有任何 2 项及以上的情况，请务必在运动前咨询内科医生或健康管理人士(大强度运动前可能需要医学检查)，在他们的建议下逐步发展您的健身计划</td></tr>
<tr><td>[24]吸烟或已戒烟不足 6 个月</td><td></td></tr>
<tr><td>[25]收缩压≥140 mmHg，舒张压≥90 mmHg</td><td></td></tr>
<tr><td>[26]不知道自己的血压值</td><td></td></tr>
<tr><td>[27]正在服用降压药</td><td></td></tr>
<tr><td>[28]血浆胆固醇含量≥240 mg/dl</td><td></td></tr>
<tr><td>[29]不知道自己的血液胆固醇水平</td><td></td></tr>
<tr><td>[30]近亲有心脏病史(男性不大于 55 岁，女性不大于 65 岁)</td><td></td></tr>
<tr><td>[31]体力活动不足(每周小于 3 天，每天小于 30 分钟)</td><td></td></tr>
<tr><td>[32]体重指数≥30 kg/m²</td><td></td></tr>
<tr><td>[33]糖尿病前期</td><td></td></tr>
<tr><td>[34]不知道是否处于糖尿病前期</td><td></td></tr>
<tr><td colspan="3">上述 34 个项目中 1 个标记也没有</td><td>您可以安全地开始自我指导的运动计划，不必再咨询内科医生或健康指导者</td></tr>
</table>

注：问卷引自美国运动医学学会(ACSM)和美国心脏学会(AHA)。

3. 国家体育锻炼标准

《中华人民共和国体育法》第十一条提出，国家推行全民健身计划，实施体育锻炼标准，进行体质监测。教育部、国家体育总局和全国总工会于 2013 年公告了《国家体育锻炼标准施行办法》(以下简称《锻炼标准》)，这个办法标志着中国的群众体育进入了新标准的航道。《锻炼标准》对 6—69 岁的人群实现了全覆盖，其标准体系按照年龄由儿童、少年、青年、壮年和老年五个类别组成，而每个类别又细分为男、女两个分类，其测试项目设有 30 秒跳绳、800 米跑(女)、1000 米跑(男)、1 分钟仰卧起坐、绕杆跑等，涵盖人体的力量、速度、耐力、灵敏、柔韧五类素质，评级标准分为优秀、良好、及格和不及格四个等级。国家要求，自 2020 年起各省(区、市)至少要有 30%以上的县区举办一次不同规模的国家体育锻炼标准达标测试的活动，并在“十四五”时期，构建出多层次、系统化、规范化的全国性国家体育锻炼标准达标测验活动体系。建议大家积极参加体育锻炼标准的测试，领取国家体育锻炼标准达标测验活动的证章和证书。

4. 国民体质测定标准

健康评价包括多种多样的形式与方法，其中与健身活动关系最密切相关的就是体质健康评价，它是体现一个国家的社会经济、教育和体育发展水平的重要指标。《“健康中国2030”规划纲要》中明确指出，我国要努力开展国民体质测试，完善体质健康监测体系，开发应用国民体质健康监测大数据，开展运动风险评估的各项工作。党和政府在开展国民体质监测的同时，也非常注重体质健康标准体系的制订工作。目前中国有关体质健康的评价标准主要有《国民体质测定标准》《国家学生体质健康标准》《普通人群体育锻炼标准》三种。在“体质健康监测体系”的陈述中，“体质”是“健康”的定语，主要考察的是生理维度的健康，这是为了在明确体质健康内涵的同时，避免在人们的认知中有可能存在与“三维健康观”发生混淆的问题。2000年，国家体育总局制定了《国民体质测定标准》并会同了其他十个有关部门对3—69岁的国民进行了首次全国范围的体质监测工作，这使国民体质的测定工作进入了制度化与规范化的轨道(每五年开展一次)。国民体质测定工作的意义在于运用科学的方法对国民个体的形态、机能和身体素质等展开调查与评定，从而有的放矢、科学地指导全民健身活动的开展，最大限度地发挥体育作为健康的有效干预措施对增强人民体质的积极作用。国民体质测定提倡群众在经常参加健身活动的基础上，定期按照《国民体质测定标准》的内容主动地进行体质检测与评价，从而促进个体参与运动锻炼的科学性和有效性。国民体质测定主要通过体质11项指标评测个人的运动能力，按年龄分为儿童、青少年、壮年和老年四个部分，包含了健康体适能的三个方面(心肺耐力、肌力力量和肌肉耐力、柔韧性)，各项指标的测定结果分为1—5分五个级别，我们建议大家但凡哪项指标没有达到4分者，都应该将之列入自己的运动处方的目标之中。《锻炼标准》和《国民体质测定标准》是以检验广大人民群众体育锻炼效果、评价身体素质和运动机能为目的，以测验达标为手段的评价体系。两个标准的发展目标是努力做到同步设计、同步实施、系统推进。以下我们围绕健康体适能的四个方面(心肺适能、肌肉适能、柔韧适能、身体成分)，并参考国家标准的相关内容，为大家提供一些易于操作的自我体质健康评估方法，让健身者在适合自己身体素质运动的范围内挑选喜爱的运动项目，科学合理地进行运动规划，轻松享受运动健身的快乐。表4-1为中国国民体质健康监测内容。

表 4－1　中国国民体质健康监测内容

<table>
<tr><th>监测对象</th><th>形态</th><th>机能</th><th>素质</th></tr>
<tr><td>儿童</td><td rowspan="2">身高、坐高、体重、
胸围、皮褶厚度</td><td>安静心率</td><td>立定跳远、网球掷远、
坐位体前屈、10 米折返跑、
走平衡木、双脚连续跳</td></tr>
<tr><td>青少年</td><td rowspan="3">安静脉博、
收缩压、
舒张压、
肺活量、
台阶试验
（成年）</td><td>50 米跑、握力、立定跳远、
斜身引体/引体向上、仰卧起坐、
坐位体前屈、
50 米×8 往返跑/800 米/1000 米</td></tr>
<tr><td>壮年</td><td rowspan="2">身高、体重
胸围、腰围、臀围、
皮褶厚度</td><td>握力、背力、纵跳、
俯卧撑/仰卧起坐、
坐位体前屈、闭眼单脚站立、
选择反应时</td></tr>
<tr><td>老年</td><td>握力、
坐位体前屈、闭眼单脚站立、
选择反应时</td></tr>
</table>

4.1.2　拓展资料

1. 中国体质监测的开展

自新中国成立以来，党和政府对于国民体质的监测工作一直高度重视。我国在不同历史时期都阶段性地组织力量针对幼儿、儿童、青少年、壮年以及老年人开展过不同范围的体质调研工作。例如，1975 年、1985 年、1995 年和 1998 年进行了幼儿体质调研工作；1979 年、1985 年、1991 年和 1995 年进行了儿童和青少年体质调研工作；1994 年和 1997 年进行了壮年人体质调研工作；1998 年进行了老年人体质调研工作。之后，我国开启了国民体质监测系统的构建工作并且公布了《国民体质监测工作规定》。《国民体质监测工作规定》中详尽地部署了相关的测量器材、样本构成、质量控制、组织体系、技术保障体系、监测指标、数据分析和技术培训等方面的工作。2000 年，我国进行了第一次（之后以五年为周期成为常态化）的国民体质监测工作，这就意味着正式打破了之前小维度、有交叉的体质监测工作方式。这种国民全覆盖（3～69 岁）的监测方式不仅节约了大量的人力、物力资源，还提升了国民体质监测工作的成效和权威性。

2. 体质监测的国内外比较

体质健康测评的研究和实践在世界各国都引起了广泛关注，具体如下：

（1）在美国，体质研究起步早、发展快，美国各州都实施了具有地方特色的健身计划，并在 1965 年面向全国开展了体质调研，旨在提高国民体质水平。美国的体质监测指标主要包括心肺功能、肌肉力量与耐力、身体柔韧性和身体组成。

(2)在日本，人们习惯于将体力活动划分为行动体力活动和防御体力活动两种。国民测试指标体系随着国民健身观念的不断转变而不断变化，比如在目前的测试指标体系中淘汰了台阶试验和引体向上项目，并设置了仰卧起坐、握力与坐位体前屈，以此作为每个年龄段的国民通用项目。

(3)在法国，自 19 世纪中叶起就展开了全国范围内的体力测定办法，此类方式最早是为了服务战争与人民防御，之后就应用到增强国民体质与健康的国家策略中了。法国的体育、卫生、娱乐和舞蹈联合会在 1980 年发布了《体质健康测试法》，并指出，对于运动员来说需要较强的运动素质，而对每个人来说健康素质更加重要。

(4)在俄罗斯，早在 1927 年就提出了《劳卫制》草案并开展了重要的优化和论证。《俄罗斯联邦 2020 年体育发展战略》中强调，政府有责任创造良好的运动场地设施，推行国民形成健康的生活方式。

综上所述，世界各国分别在不同的历史时期发布了不尽相同的体质健康评价，这些内容和形式反映出各个国家在不同发展时期的社会经济、政治和体育的发展水平和具体的要求。目前，世界各国体质健康评价主要围绕着身体成分、有氧能力、肌肉力量和肌肉耐力、关节柔韧性等指标体系开展工作，而我国现行的体质健康测试标准也是以身体形态、身体机能、身体素质和运动能力四个指标体系所构建的，这个指标体系与目前大多国家的认定基本一致。

3. 人体运动功能的测评

在临床上，人体运动功能的测评不是检查身体疾病，而是通过检查了解受试者的身体素质，为合理开展各项体育运动提供科学依据，其指标包括心肺功能水平、协调性、平衡功能、反应速度、手眼配合能力、脊柱及大关节的骨骼肌肉韧带等，以及各肢体躯干肌肉保有量和体脂含量、静态及特定动作等。医生通过测评静态呼吸功能、心肺运动试验以及各项基础运动素质，得出运动锻炼中安全有效的阈值，发现心血管系统和运动系统功能方面的不足以及潜在的伤病风险。在此基础上，结合多个临床学科专业的综合评估，给出针对性的预防措施。运动能力测评有别于静态临床检查，它不是单独评定某一关节或肌群的力量和活动度，而是监测人体在运动中呼吸、心血管、肌肉和骨骼系统的整体状态。因此，有条件的人群在培养运动习惯之前，应该首先做个运动测评。这样不仅能查出隐藏的疾病，还有助于用最科学的方法去锻炼身体，既能达到强身健体的目的，又能规避运动风险、减少运动损伤。只有经过运动测评和专家指导后的运动，才是真正科学有效的运动。例如：黄先生在进行心肺运动测评过程中提示其运动心电图阳性，医生判断其有运动中心肌缺血的可能，第一时间将其转诊至心血管内科门诊，经综合评估，建议其住院进一步诊治。住院后，黄先生的冠脉造影检查提示左前降支中段肌桥血管在收缩期狭窄达 70%～80%。如果进行不适当的剧烈运动，极有可能出现运动中心肌缺血，甚至发生心血管意外的风险。再如：王先生在运动能力测评中发现了高危情况，他既往没有高血压病史，体检时在安静状态下测量的血压也是正常的。但在进行心肺运动测试过程中，他的运动中血压明显升高，最高达到了 230 毫米汞柱，这一情况已经符合“运动性高血压”的诊断标准。医生提示，他患有高血压病的风险较高，如果不进行运动中血压监测与控制，盲目进行运动锻炼，可能酿成大祸。对于在体检中发现的心肌缺血、高血压等患者，经明确诊断和治疗后对其日常运动锻炼强度等做出综合性、针对性的指导，可以最大限度地规避运动风险，实现运动收益。

4.2　心肺适能的监测与评价

4.2.1　必读知识点

1. 心肺适能与有氧能力

心肺适能主要反映人体的心血管系统和呼吸系统的机能水平。心肺适能是人体能够持久工作的基础能力，被认为是健康体适能中最重要的要素。一般而言，绝大多数人的心肺适能水平都可以满足安静状态时人体的相关需求，不过在运动量增加尤其是在极限运动时，个体的心肺适能是否真正健康就可以明显地体现出来了。单位时间内人体在极限运动强度的条件下所吸入和利用氧气的能力是各不相同的。有氧能力是指人体在氧气供应充足的情况下通过能源底物的氧化分解进行供能从而维持运动的能力，它是测评体质健康的主要指标之一。较高的心肺适能水平有助于增强人体的免疫功能，抵御某些疾病(肥胖症、糖尿病、高血压以及某些癌症)的发生。有研究证实，心肺适能的优劣与体力活动不足导致的心血管疾病的风险因子和死亡率呈现出负相关的关系。“心肺适能”与“有氧能力”都反映了心血管和呼吸系统的整体能力以及在长时间、大强度负荷下进行有氧供能的能力，被认为是同一概念的不同表述方式。

2. 最大摄氧量

最大摄氧量是指人体在进行长时间、高强度运动达到本人极限水平时单位时间所能摄取的氧量，通常也被称为最大吸氧量或最大耗氧量。最大摄氧量在运动生理学领域被公认为是评估心肺耐力的“金指标”，是测评心肺功能和有氧耐力的最可靠的参数。一般来讲，最大摄氧量有绝对值和相对值两种表达形式，绝对值是指机体在单位时间内所能吸入的最大氧量，通常以 mlL(kg・min)为单位；相对值则按每千克体重来计算最大摄氧量，以 mL/(kg・min)为单位。最大摄氧量通常用相对值表示，因为个体的吸氧量和能量消耗与体重相关。优秀运动员的最大摄氧量通常可达到70～85 mL/(kg·min)，女性耐力型运动员相较男性耐力型运动员大约低10%(因为其较低的血红蛋白浓度和较高的体脂率)。

3.最大摄氧量的制约因素

最大摄氧量受到肺功能、最大心输出量、氧运输能力骨骼肌组织等相关因素的影响。

1)肺部系统

在一定情况下，肺部系统会限制最大摄氧量。例如，优秀的耐力型运动员在最大运动量时可能会出现氧饱和度下降，因为高强度运动时的每分输出量会减少红细胞(RBC)通过肺毛细血管的时间，缩短红细胞的运输时间，以至于减少氧气与红细胞结合的时间，从而限制了运动能力。研究显示，肺部系统会限制最大摄氧量，如果氧气供应充足，将增加氧气的“扩散能力”，提高最大摄氧量，从而增加氧饱和度。另外，针对呼吸活动过程中出现的问题进行调整，以提升呼吸功能，增强人体氧气摄取能力和二氧化碳排出能力，这也是增大最大摄氧量的有效途径。

2)心输出量

最大有氧能力与最大心输出量(最大心率×每搏输出量)紧密相关。在运动强度接近最大摄氧量40%的情况下，低水平运动员和初学者每搏输出量和运动心率会呈线性增加，之后每搏输出量趋于稳定或略微增加。相反，随着运动强度的加大，优秀耐力型运动员的心率和心输出量相应增加。虽然优秀运动员、一般运动员和初学者之间每搏输出量的差值尚未确定，但普遍认为优秀运动员表现出更高的心输出量。由于心腔顺应性的改善或心包可移除性的增加，运动员每搏输出量增加可能与舒张末期容积的增加相关，这些数据表明最大心输出量在一定程度上解释了运动员和非运动员之间在最大摄氧量方面所存在的差别。

3)氧运输能力

另一个影响个体最大摄氧量的因素是心肺系统运输氧的能力。血红蛋白浓度的改变对于运动肌肉中的氧运输影响很大。如果运动员通过输血人为增加其血红蛋白浓度，则最大摄氧量和心输出量也会相应增加。血红蛋白浓度、最大摄氧量和最大心输出量之间的关系很大程度上解释了血液兴奋剂的有效性。有氧耐力训练可以改变这种氧运输能力。由于血浆容量增加，这种情况将在长期训练数天后出现。虽然耐力训练使得血细胞比容和血红蛋白浓度普遍下降，但是血红蛋白的数量却得到增加。血浆量的显著增加与耐力训练中血液黏度降低有关，这会使得最大摄氧量因心输出量增加而增加，因为心输出量增加会提高人体将氧气运输到运动肌肉中的能力。

4)骨骼肌

骨骼肌对于决定运动员的最大摄氧量的大小非常重要。最大摄氧量与被运送到线粒体中氧气的利用率有关，肌纤维类型（Ⅰ型与Ⅱ型）、线粒体密度和毛细血管等与骨骼肌密切联系的几个因素影响着肌肉利用氧的能力。最大摄氧量较高的人其Ⅰ型肌纤维含量也较高，此现象与Ⅰ、Ⅱ型肌纤维之间不同的毛细血管密度、线粒体数量、有氧代谢酶的活性有关。与Ⅱ型肌纤维相比，Ⅰ型肌纤维由于周围拥有更多的毛细血管，故具备较高的氧化能力和毛细纤维比率，且表现出更高的线粒体密度和对有氧代谢酶活性的依赖。在耐力训练中，Ⅱ型肌纤维一般会向Ⅰ型肌纤维转化，同时增加线粒体数量及对有氧代谢的依赖。这些耐力训练所引起的适应与运动员的训练时间有关，具有长期训练经历的运动员毛细血管密度与Ⅰ型肌纤维数量会高很多，且更依赖有氧代谢酶活性。研究也指出，毛细血管对工作组织中氧气的传输和排除肌肉产生的废物起着重要作用。拥有较高毛细血管密度的运动员，能够对无氧代谢和乳酸形成物有更好的耐受力，因此能比拥有较低毛细血管密度的运动员保持更长时间的练习。

5）年龄、性别因素

研究结果表明，少年男、女之间最大摄氧量数值相差约 8%，青年时期的差距可以达到 40%。一般情况下，女性在 17 岁左右最大摄氧量达到最大值，男性在 20 岁左右最大摄氧量达到最大值，在达到最大值之后最大摄氧量将随着年龄以每年 2.5%的速度衰减。

4. 最大摄氧量的测量方法

1）直接测量法（实验室法）

直接测量法的仪器设备包括负荷工具（如跑台、功率自行车等）、呼出气采集装置（如面罩）和气体分析装置。测试过程为：受试者戴上呼出气采集装置在跑台或功率自行车上进行力竭性运动，然后收集受试者的呼出气体纳入气体分析仪中直接读出最大摄氧量的数值，如图 4－1 所示。

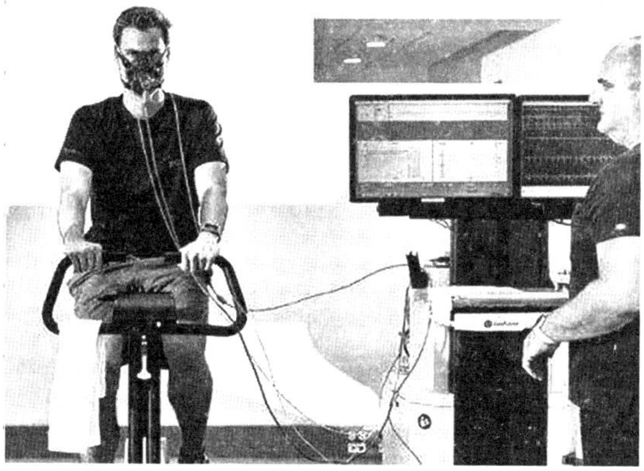

图 4－1　最大摄氧量的直接测量法

2)间接测试法

间接测试法的依据是人体的耗氧量与运动的功率和心率密切相关，通过这种规律可以间接地推算受试者的最大摄氧量。直接测量法需要专门的仪器设备和较严格的操作程序，准确性较高，需受试者达到极限运动状态(对于体质较弱者具有危险性)，其并不适于在老年人、儿童以及大样本人群中应用推广。所以，我们给大家推荐三种简单易行的间接测试法来推算自己的最大摄氧量的数值。

(1)阿斯特兰德列线图法(瑞典学者 Astrand 创立)。这是一种最为常用的最大摄氧量的间接测定方法，该方法根据负荷功率既与心率存在线性关系又与摄氧量存在线性关系，用列线图表来推测最大摄氧量。一般采用台阶试验(建议台阶高度：男 40 cm，女 35 cm)进行评定，运动时间为 5 min。用可穿戴式(如腕式)心率仪测量记录运动后 10 s 的心跳次数，换算成心率(次/min)，然后在列线图相应的轴线位置上标出受试者体重和运动后的心率值，用直线连接这两个点，连线通过最大摄氧量轴上的点即为受试者的最大摄氧量估算值。

(2)距离和速度估算法。最常用的是库柏所提出的 12 min 跑测试(美国学者 Cooper 创立)，受试者竭尽全力地跑 12 min，记录完成的距离。推算公式为：最大摄氧量＝22.48×跑动距离(公里)－11.29。另外，1 英里(约 1.6 km)步行实验更适合于体能较弱的人，在此测试中，受试者以最大速度步行 1 英里，记录运动时间和最后 1 min 的心率。推算公式为：最大摄氧量＝6.703＋0.483×性别因子(男＝1，女＝0)＋0.015×体重(kg)－0.018×心率－0.379×时间(min)。

(3)布鲁斯跑台检测法(美国学者 Bruce 创立)。通过调整跑步机的速度与角度进行测试与推算。跑台的起始负荷男子一般选择 9～11 km/h，女子选择 8～10 km/h，建议每分钟增加的速度为 0.8 km/h，每分钟递增坡度 1%。当呼吸明显费力时不再增加跑速，在心率达到每分钟 180 次或是感到筋疲力尽时可以停止测试。推算公式为：最大摄氧量＝6.7－2.28×性别因子(男＝1，女＝2)＋0.056×运动时间(s)。

另外，还有 Firstbeat 算法，是由芬兰 Joni(乔尼)博士及其团队在 2012 年开发申报的专利算法。该算法依赖于分析氧气消耗和跑速之间的线性关系，估算值比较接近实验室测试结果，误差不大于 5%。Firsbeat 算法已经在智能可穿戴产品中得到了广泛的商业使用，大家可以通过携带相关的市场产品来得到自己的最大摄氧量。最大摄氧量数据与耐力运动的能力具有较高的相关性，如果是耐力运动的高手，其最大摄氧量会比较高。而最大摄氧量比较高的人，也具有比较好的耐力。但并不是最大摄氧量高的人一定会在耐力运动中有好的表现。因为人体运动是一个复杂的过程，摄氧能力只是其中的一个因素，其他因素如身体结构、力量、神经系统、技术动作、动作的经济性、训练年限等都有重要的影响。例如，马拉松跑进 2 h 10 min 的运动员的最大摄氧量大都在 70 mL/(kg·min)或者 80 mL/(kg·min)左右，一个最大摄氧量 70 mL/(kg · min)的人，很可能比最大摄氧量 80 mL/(kg · min)的人跑得快，这在职业选手中是普遍存在的现象，但一个摄氧量 50 mL/(kg · min)的人，一定跑不了他们这么快。表 4-2 是不同年龄和不同水平最大摄氧量的大致范围。

表 4-2　最大摄氧量参考值

性别	年龄	最大摄氧量参考值/[mL/(kg · min)]						
		低水平	较差水平	中等水平	不错水平	较好水平	高水平	运动员水平
女性	20～29	≤28	29～34	35～43	44～48	49～53	54～59	≥60
	30～39	≤27	28～33	34～41	42～47	48～52	53～58	≥59
	40～49	≤25	26～31	32～40	41～45	46～50	51～56	≥57
	50～65	≤21	22～28	29～36	37～41	42～45	46～49	≥50
男性	20～29	≤38	39～43	44～51	52～56	57～62	63～69	≥70
	30～39	≤34	35～39	40～47	48～51	52～57	58～64	≥65
	40～49	≤30	31～35	36～43	44～47	48～53	54～60	≥61
	50～59	≤25	26～31	32～39	40～43	44～48	49～44	≥56
	60～69	≤21	22～26	27～35	36～39	40～44	45～49	≥50

5. 心率与最大心率

心率(HR)是指在安静状态下每分钟心跳的次数，也称安静心率，个体之间常因年龄、性别或其他生理因素而形成比较大的区别。一般情况下，女性的心率比同龄男性快，年龄越小心率越快。成年人正常的安静心率为 60～90 次/min，理想心率应为 55～75 次/min(运动员的心率较普通成人偏慢，一般会小于 60 次/min)。心率是全因病死率和心血管疾病病死率的独立预测因子，也是心血管疾病的独立危险因素，对心血管疾病发生、发展及预后的影响至关重要。心率在运动实践中最常用来反映运动强度和生理负荷量。应用运动心率来控制运动健身负荷的关键，是何种强度才能保证运动安全、提高运动成绩。最大心率(HRmax)是指人体在进行最大负荷强度期间其耗氧量和心率不能继续增加时达到的最高水平的心跳次数。通过递增负荷测试确定最大心率是制订个体化运动处方中测定最大负荷能力的基本方式，但针对不具备测试条件的普通健康人群，往往需要通过一些经验公式进行推算。表 4-3 给大家列出了目前应用较为普遍的推测最大心率的公式。有国内学者指出，对我国民众而言，这些推算公式是以欧美的体质特征得出的经验，如果直接应用于我国人口的健身指导，其精确性、特异性和针对性都存在一定局限。所以，我们给大家再推荐一个国内学者的研究成果作为重要参考：最大心率＝196.86－0.74×年龄。同时，科技的高速发展已经实现测量心率的设备从专业设备到普通设备(心率带、光电心率表)的转换，大家可以通过这些普通设备相对准确地测量出自己的安静心率与最大心率。

表 4-3 推测最大心率的公式

创立者	公式	适用人群
Fox	最大心率=220-年龄	少部分男性和女性
Astrand	最大心率=216.6-0.84×年龄	4～34 岁男性和女性
Tanaka	最大心率=208-0.7×年龄	健康的男性和女性
Gelish	最大心率=207-0.7×年龄	所有年龄段和体适能水平的成年男女

6. 储备心率与靶心率

储备心率(HRR)是指最大心率减去安静心率的数值。相对最大心率而言，储备心率与运动强度具有更高的相关性。因此，作为监测指标在控制运动强度时，储备心率比最大心率的计算方式更为精准。具体来说，直接拿最大心率监控运动强度是从心跳为零开始计算的，明显缺乏对个体的安静心率差异的考虑，这就必然会引起更大的误差。举例说明：有 A、B 两位男士，他们的最大心率同样是 200 次/min，但 A 经过长时间的耐力训练，安静心率为 50 次/min，而 B 才刚接触耐力训练，他的安静心率为 70 次/min，在这种情况下，如果只采用最大心率的百分比来计算强度，会对两位运动员得出同样的结果。但由于两位男士在运动时心率的起始点本来就不一样，A 的体能较佳，其储备心率(200-50=150 次/min)比 B 的(200-70=130 次/min)要高，所以，如果用最大心率法来界定他们的训练强度就会忽略个体差异。因此，我们希望可以通过储备心率来定义出不同的训练强度(5 个级别)。

靶心率(THR)是指运动时以心率监控目标强度的心率范围值，也可称为目标心率。对于靶心率的确定，既可以保证运动处方有效的目标强度，又可以保证个体在运动时机体的安全(尤其是心血管循环系统)。很多人惯用的计算公式为：靶心率=目标运动强度百分比(5 个级别)×最大心率。如前文所述，这种最大心率计算法显然不如储备心率法合理，不能体现运动处方个性化的原则。所以，大家在给自己制订靶心率时，应采用的计算公式为：靶心率=目标运动强度百分比(5 个级别)×储备心率+安静心率。举例说明：前述的 A、B 两位男士目前希望在有氧运动(最大运动强度的 60%～80%)中受益，那么，我们利用公式来替他们确定一下近期健身应该达到的靶心率(目标心率范围)。A 的靶心率=目标运动强度百分比(60%～80%)×储备心率+安静心率，即靶心率=(60%～80%)×(200-50)+50，计算出靶心率的最小值(60%)是 140 次/min，最大值(80%)是 170 次/min。同理，B 的靶心率最小值是 148 次/min，最大值是 174 次/min。所以，他们目前在所有的运动形式或是运动时间中，都应该把自己的心率分别控制在 140～160 次/min 和 148～174 次/min(如用最大心率计算则都成了 120～160 次/min，不准确)，只有这样才能保证每次健身运动的有效性和安全性。

4.2.2　拓展资料

1. 台阶试验法

如前所述，最大摄氧量是运动生理学领域测评心肺功能和有氧耐力的黄金指标，但是实验室测试的方法又不适于老年人、儿童和大样本测试。我们之前给大家推荐了三种简单易行的间接测试法(阿斯特兰德列线图法、距离和速度估算法、布鲁斯跑台检测法)来推算自己的最大摄氧量，用以评估耐力水平。另外，心率也是评估人体心肺耐力的另一可靠参数，在实操性上具有一定的优势。我们给大家再推荐一种重要的评定心肺耐力的方法——台阶试验法(见图 4－2)，在制订运动处方之前用以评价自己的心肺功能水平。《国民体质测定标准》中台阶试验适用于 20～59 岁的成年人(目前改为“功率自行车”估测最大摄氧量)，其原理是通过测定定量负荷所能持续运动的时间以及运动后心率恢复的速度来评定心肺耐力水平。测试方法为：台阶高度为男子 30 cm，女子 25 cm；上、下台阶频率为 30 次/min；连续重复 3 min。完成后，受试者立刻静坐在椅子上，测量并记录心率(测 3 个半分钟：第 1 分钟—第 1 分半钟、第 2 分钟—第 2 分半钟、第 3 分钟—第 3 分半钟，然后换算为 3 次的心率)。如果受试者不能坚持应立刻停止运动，记录运动持续时间，并以同样方法记录 3 次脉搏数。将记录结果代入下列公式计算台阶指数：台阶指数＝运动持续时间(s)÷3 次心率之和×100，评价标准见表 4－4。建议大家可以到国民体质监测点进行测试，若条件允许也可以在家里完成。测试成绩如果低于 4 分，那么说明自己的心肺功能水平是有待提高的。目前我国实行的《国家学生体质健康标准》对青少年学生的有氧能力的测评办法中跑步项目为男生 1000 米、女生 800 米。自 2020 年起，我国《国民体质测定标准》中耐力素质测评办法是功率自行车(替换了台阶试验)，即受试者在定量负荷强度下在自行车测功器上进行 3～5 min 运动，然后依据心率的变化数值来间接地计算出最大吸氧量。

图 4－2　评定心肺耐力的台阶试验法

表 4－4 台阶试验法评价标准

性别	年龄	台阶指数				
		1 分	2 分	3 分	4 分	5 分
男	20～24 岁	42.1～46.1	46.2～52.0	52.1～58.0	58.1～67.6	≥67.6
	25～29 岁	42.1～46.1	46.2～51.9	52.0～58.3	58.4～68.1	≥68.1
	30～34 岁	41.4～46.1	46.2～52.2	52.3～58.3	58.4～68.1	≥68.1
	35～39 岁	41.3～46.1	46.2～52.2	52.3～58.7	58.8～68.1	≥68.1
	40～44 岁	37.8～46.5	46.6～53.5	53.6～59.9	60.0～70.2	≥70.2
	45～49 岁	35.5～46.3	46.4～53.5	53.6～60.3	60.4～70.2	≥70.2
	50～54 岁	31.5～45.8	45.9～53.5	53.6～59.9	60.0～69.7	≥69.7
	55～59 岁	29.9～44.7	44.8～53.2	53.3～59.9	60.0～69.7	≥69.7
女	20～24 岁	40.9～46.1	46.2～52.2	52.3～58.0	58.1～67.1	≥67.1
	25～29 岁	40.7～46.8	46.9～53.2	53.3～59.1	59.2～68.6	≥68.6
	30～34 岁	39.5～47.0	47.1～53.7	53.8～59.9	60.0～69.1	≥69.1
	35～39 岁	37.0～46.8	46.9～53.8	53.9～60.3	60.4～69.7	≥69.7
	40～44 岁	31.5～46.8	46.9～54.8	54.9～61.5	61.6～71.3	≥71.3
	45～49 岁	30.0～45.6	45.7～54.4	54.5～61.5	61.6～71.3	≥71.3
	50～54 岁	27.9～43.8	43.9～54.1	54.2～61.5	61.6～71.3	≥71.3
	55～59 岁	27.3～39.8	39.9～52.8	52.9～60.3	60.4～70.2	≥70.2

2. 代谢当量测评方法

代谢当量(MET)是指运动时代谢率相对安静时代谢率的倍数。常使用它来评定一个人活动时的氧气消耗量，是运动能量的消耗指标，可用于评估心肺功能，同时也是表示运动强度的常用指标。1 MET 被定义为每公斤体重每分钟消耗 3.5 mL氧气或每公斤体重每分钟消耗4.40 kJ 能量时，所对应的运动强度。1 MET的活动强度相当于健康成年人安静状态时的代谢水平。比如，一个5 MET 的活动表示运动时氧气的消耗量是安静状态时的 5 倍。当然，对于不同的个体来说，1 MET 的活动的氧气消耗量男性比女性略高，并随着年龄和体重的增加而略有下降。一般可将体力活动分为轻(小于3 MET)、中(3～6 MET)、重(大于 6 MET)三个等级，健康的体力劳动者负荷能力可达 16 MET 以上，而 8 MET 则可作为大多数冠心病患者运动强度的上限。

代谢当量的用途有：①指导人们在运动、日常活动和职业活动时对于运动强度(目的性和安全性)的选择，我们可以根据代谢当量表(见表 4－5)选择适宜的活动；②一些药物有影响正常心率的作用，此时患者的心率就不能准确地反映运动强度的真实情况，这时就会使用代谢当量来表示运动强度；③根据相关计算公式可以将代谢当量转换成能量消耗量，能够帮助我们计算出每次训练所消耗的热量，这对于控制体重的人群是非常有价值的；④运用代谢当量表示目标运动强度时，可以通过代谢当量公式计算目标运动强度相对应的负荷量。

表 4－5　代谢当量表

代谢当量	活动内容
1.0	安静地坐着(或躺着)看电视、听音乐，斜躺着，坐小轿车
1.2	直立不动
1.3	看书或看报纸(坐着)
1.5	坐着说话、打电话、吃饭、开车，轻松的办公室工作，织毛衣、编织手工艺品，打字，照顾宠物(坐着，轻松地)，泡澡(坐着)
1.8	站着说话、打电话、看书，制作手工艺品
2.0	烹调前的材料准备(站着)，洗衣服，收拾行李(站着)，弹吉他(古典或民谣)，换衣服，边聊天边吃饭，日常琐事(刷牙、洗手、刮胡子等)，淋浴，用毛巾擦身(站着)，慢走(平地，在家中，非常慢，不到 54 m/min)
2.3	洗碗(站着)，熨衣服，收叠洗好的衣服，玩扑克牌，复印资料(站着)，站着的工作(售货员等)
2.5	体操，瑜伽；扫垃圾，收拾房间，换床上用品，倒垃圾；盛菜，摆饭桌，烹调前的材料准备和收拾(走着)；给植物浇水；陪孩子玩(坐着，轻松地)，照顾孩子；弹钢琴、风琴；开收割机，割干草，灌溉；传、接球练习；骑电动自行车；推儿童车或和孩子一起走，慢走(平地，很慢，54 m/min)
2.8	陪孩子玩(站着，轻松地)，照顾宠物(轻松地)
3.0	骑功率自行车(轻、中等强度)，力量训练(轻、中等强度)，打保龄球，玩飞盘，打排球
3.5	体操(在家做，轻、中等强度)，打高尔夫球(使用电瓶车，等待的时间不算)
3.8	稍微快步走(平地，走得略快，94 m/min)
4.0	快步走(平地，大约 95～100 m/min)，水中运动，打乒乓球，打太极拳
4.5	打羽毛球，打高尔夫球(球杆自己拿，等待的时间不算)
4.8	跳芭蕾舞、现代舞、跳爵士舞、踢踏舞
5.0	打垒球或打棒球，玩儿童游戏，快步走(平地，走得很快，107 m/min)
5.5	骑功率自行车(中等强度)

续表

代谢当量	活动内容
6.0	力量训练(高强度,力量推举),美容体操,慢跑(慢跑 10 min 以下),打篮球,游泳(慢慢划水)
6.5	跳有氧操
7.0	慢跑、踢足球、打网球、仰泳、滑雪、滑冰
7.5	登山(身背 1～2 kg 的东西)
8.0	骑赛车(约 20 km/h),跑步(134 m/min),自由泳慢游(约 45 m/min),轻、中等强度的活动
10.0	跑步(161 m/min)、柔道、柔术、空手道、泰式拳击、跆拳道、英式橄榄球、游泳(蛙泳)
11.0	蝶泳、自由泳快游(约 70 m/min),剧烈的活动
15.0	跑步上楼梯

3. 主观感觉强度测评方法

主观感觉强度测评方法(RPE)是利用运动中的自我感觉来判定运动强度的一种方法,也可称为主观用力评分法。在运动中,使用者需要根据自己的主观感觉来对运动强度进行判断打分。这是瑞典科学家加纳·博格(Gunnar Borg)于 1962 年提出的,所以也称为博格量表。RPE 主要针对的是成年人,它把运动强度分成 1～20 个不同等级(1 代表不做任何努力,20 代表极度努力),一般使用的范围是从第 6 等级开始计量。RPE 表上 20 个标记点表示了不同的运动感觉特征,如果各点的数值乘以 10 以后,常与达到该点强度的心率数值大体上一致。比如,运动者的运动感觉得分在 12～15 分,说明该运动强度对于有氧练习是合理的,中老年人以达到 11～13 分为宜。大量的科学研究已经证实,RPE 与客观指标和运动负荷强度之间有较高的相关性,如与每分钟通气量、血乳酸和每分钟摄氧量的相关系数为 0.85。使用 RPE 辅助其他指标的测试,能够对运动时人体机能的变化做出科学的、准确的分析,还能够简单有效地推断运动能力、判定运动强度。运动医学医师认为,确定合理运动强度的最好方法是 RPE 与靶心率两种方法的结合。也就是说,先按适宜的心率范围进行运动,然后在运动中结合 RPE 评价表来掌握运动强度。这样,在锻炼中不用停下来测心率也能知道自己的运动强度是否合理了,对有经验的跑者而言,RPE 就是一种不看手表就能判断当前运动强度的辅助手段。另外,对于运动中出现的各种不良症状,用 RPE 评定时,症状表现要比客观指标平均早两分钟左右。也就是说,一旦健身者主观感觉到不舒服,如果能够适时做出调整,能抢回两分钟的宝贵时间。图 4－3 为主观疲劳量表监控合理运动负荷。

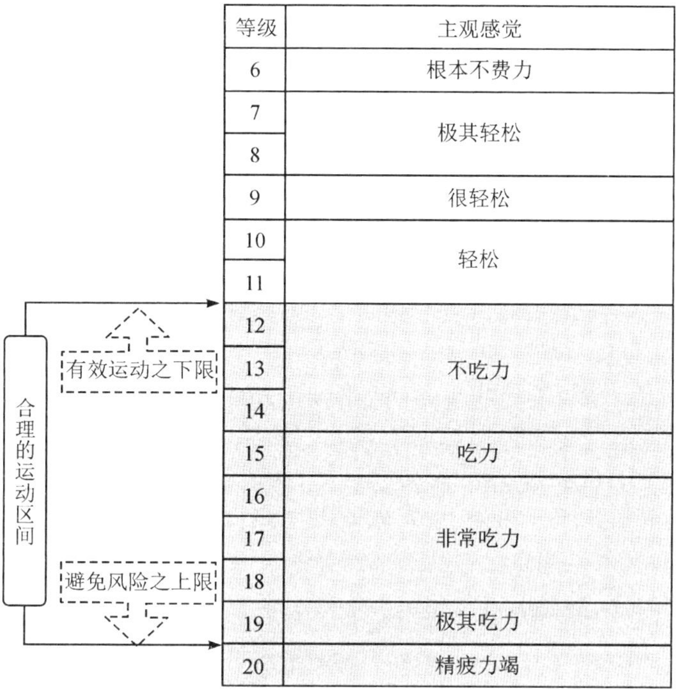

图 4－3　主观疲劳量表监控合理运动负荷

4.3　肌肉适能的监测与评价

4.3.1　必读知识点

1. 肌肉适能与负荷强度

肌肉适能包括肌肉力量和肌肉耐力两个元素，它是人体完成所有日常活动、体力劳动和运动锻炼的基础能力，是健康体适能的主要内容之一。肌肉力量的测试是测定肌肉一次用力收缩时所产生的最大力量。肌肉耐力的测试是测定肌肉在相当大的负荷下，能够重复收缩的次数或能够持续的时间。某一种测定方法只能用来评价某一块或一组肌群的力量，与身体其他肌群的力量大小并不存在绝对的联系。如果要全面地衡量全身各主要肌群肌肉适能的水平，则必须要进行四肢和躯干整体肌肉的多项测定，只有这样才能为自己的健身目标提供更客观而全面的根据。在动力性练习中，负荷强度常使用 RM(repetition maximum，最大重复次数)来表示。力量练习的强度评价体系(RMS)可以比较准确地反映肌肉在运动中做功的大小(最大力量百分比与 RM 之间的关系)，而且也兼顾了个体的需求差异性。在进行健身活动时测定自己肌力的常用指标是握力/握力体重指数（前臂、手屈肌力量）及俯卧、引体向上、跪卧撑、投实心球（上肢力量）、仰卧起坐、仰卧举腿（腹肌力量）、俯卧背伸（背肌力量）、立定跳远、纵跳（下肢力量）等指标。

2. 肌肉适能的测评指标

从各个国家体质健康测试肌肉适能的指标综合来看，常用的指标包括上肢部位（握力、俯卧撑、90 度俯卧撑、引体向上、修正的引体向上、曲臂悬垂等）、腰腹背部位（仰卧起坐、屈膝起身、俯卧背起等）、下肢部位（立定跳远、反复横跨、短距离跑等）。我国《国民体质测定标准》中测定肌力的指标有握力、纵跳、俯卧撑（男）和 1 分钟仰卧起坐（女）。其中，40～69 岁的人群，仅测握力一项，图 4－4 所示为握力计。20～39 岁的人群，各项均可测试，俯卧撑用于男性的测试，仰卧起坐用于女性。前面列举了台阶试验的测试方法和成绩标准，肌力各项指标的详细测定方法和成绩标准本节不再罗列，请大家参阅《国民体质测定标准手册》来确定自己的肌肉力量和耐力素质水平。另外，大家也可以测试自己的卧推、卧位负重蹬腿、举重等指标（重量和次数），跟自己之前的或是身边可获知的、有可比性的人群数据进行比较，用以衡量自己的肌肉力量和肌肉耐力水平。

图 4－4　握力计

3. 肌肉适能的练习强度

就做功而言，投掷、举重、短跑等运动形式，才是真正意义上的高强度运动。如上所述，1 RM 表示健身者以正确的动作只能重复 1 次的最大阻力，而 10 RM 表示健身者以正确的动作最多重复 10 次的最大阻力。心率虽然可以作为许多运动的强度评价指标，但是由于力量练习的做功时间相对较短、练习存在间断性等原因，所以难以衡量和评价力量的运动强度。主观感觉强度法可以反映机体的主观疲劳感觉，通常可以作为疲劳程度的评价指标。最大重复次数体系依然是比较科学的控制力量练习运动强度的常用指标体系。个体最大力量百分比与最大重复次数之间的关系见表 4－6。在确定负荷强度时，应该预先测定锻炼者1 RM 的重量，然后视锻炼目标确定具体次数。鉴于健身活动中必须要兼顾到肌肉耐力适能的原因，建议一般采用 7～12 RM 为宜，具体的操作方法有以下两种：①经过多次练习寻找自己 1 RM 所对应的重量(最大力量),再乘以表 4－9 中相应的百分数。例如,10 RM 的重量为 1 RM 的 75%。②经过多次练习直接找出与所用 RM 数值相对应的重量。例如,想要确定 10 RM 的重量,可逐次增加和减少负荷重量,直至找出能完成 10 次的最大重量。

表 4－6　个体最大力量百分比与最大重复次数之间的关系

个体最大力量百分比	最大重复次数
100%	1 RM
95%	2 RM
93%	3 RM
90%	4 RM
87%	5 RM
85%	6 RM
83%	7 RM
80%	8 RM
77%	9 RM
75%	10 RM
70%	11 RM
67%	12 RM
65%	15 RM

4.3.2　拓展资料

肌肉适能的发展

肌肉适能在人体活动中的作用至关重要,发展肌肉的力量和耐力,受到人体的多个系统以及外部条件的综合影响。同样,肌肉适能也在影响着人体其他系统的机能发挥水平,是与人体健康有关的重要衡量指标。例如,有研究证实成年人群的肌肉健康水平与其患病风险和死亡率之间存在相关关系。另有研究表明,从青少年时期到壮年时期的神经肌肉健康程度相比其心血管和呼吸系统的健康程度要高,处于青春期的青少年由于机体的生长、发育的速率与内部环境的变化存在相对的独立性。肌肉适能除了受年龄、性别、身高和体重的影响之外,同时也与神经系统、肌肉体积、肌纤维类型和收缩特性、内分泌系统等因素存在相互作用。测试与评价肌肉适能的指标较多,主要集中在上肢部位、腰腹背部位、下肢部位的肌肉。拥有强健的肌肉对于每一个人来说都是很重要的,运动损伤往往是某一关节的肌肉不均衡所致的,而肌肉发展的均衡性对于身体快速成长时期的青少年更为重要,例如,当两侧肌肉发展强度长时间不同时,可以直接导致身体姿势甚至身体结构的改变(如脊椎侧弯)。

4.4 柔韧适能的监测与评价

4.4.1 必读知识点

1. 柔韧适能的影响因素

柔韧适能是指关节的活动幅度能够达到最大限度的能力。影响柔韧适能水平的因素有以下方面：

(1)关节本身结构(关节面、关节囊、关节韧带等)的特点。例如,某个关节的关节面之间的面积相差越大,则关节的灵活性就越大;面积相差越小,则关节的灵活性越小。关节囊和关节韧带紧致程度越大,其灵活性就越差。

(2)关节周围的肌肉和软组织。如果关节周围肌肉和软组织的体积和数量较大,而延展性较差,则会限制关节的活动范围。柔韧适能一般可分为绝对柔韧性和相对柔韧性两种,绝对柔韧性是人体某部位本身所具有的活动幅度;相对柔韧性是人体某一部位与另一部位活动幅度之比的一个相对值,相对柔韧性可以在一定程度上排除个体差异。

2. 柔韧适能的测评方法

柔韧适能的测量方法一般可分为角度测量法和长度测量法。

(1)角度测量法是通过角度测量工具或拍摄工具测评关节伸展度的一种方法。常用的角度测量法包括角度尺测量法、光学拍摄法和 X 线照相法等,用角度值评价关节柔韧性也一直被认为是最为直接、准确的方法。

(2)长度测量法是用长度值来间接评价柔韧适能的一种方法,常用方法包括坐位体前屈、立位体前屈和俯卧抬臂测验等。采用长度测量法表示关节活动角度比较容易产生更大的误差,所得测试值的效度相对较差。然而,长度测量法因其操作简便、成本低廉而被更多地应用于各个国家的国民体质测试和大样本的测评中。

我国《国民体质测定标准》测定柔韧性的方法是坐位体前屈(见图 4－5),其数值主要反映腰部柔韧适能和股后肌群的柔韧适能。值得注意的是,该测试有可能导致椎间盘受到一定的挤压损伤和腿部股后肌群的拉伤抽搐,对受试者的健康形

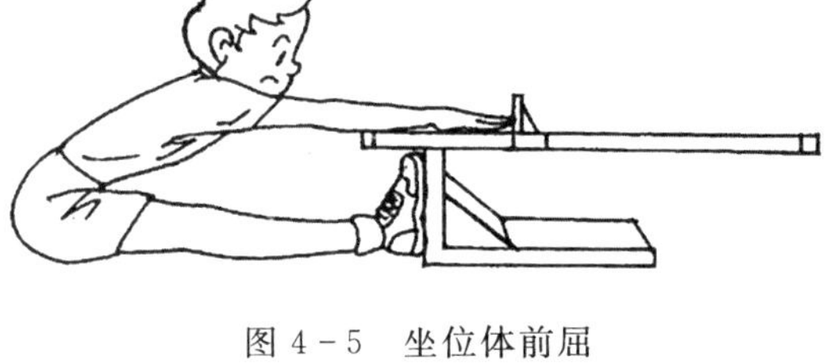

图 4－5　坐位体前屈

成一定的危险，请大家酌情尝试并参阅《国民体质测定标准手册》来确定自己的柔韧适能水平。

4.4.2　拓展资料

柔韧适能的发展

柔韧适能的练习注重通过日常的、经常性的、习惯性的运动来维持。坐位体前屈通常作为评价腰部、背部、腿部和踝关节柔韧性的测试方法。研究发现，踝关节由于处在拓屈和背屈两种不同的情况下，对坐位体前屈测试的准确性产生不同的影响。另外，青少年的坐姿肩峰高、上肢长和下肢长等身体形态因素影响坐位体前屈的测试效度，运用指数法表述改进的坐位体前屈或者采用受测者在同一基点开始，进行手臂前伸的测定方法可以有效提高测试的效度。还有，下肢长度的比例较高也是坐位体前屈测试准确性的重要影响因素。有研究指出，坐位体前屈存在明显的性别差异和等级差异，这些都与脊柱 ROM（关节活动度）和骨盆 ROM 有关，建议通过提高骨盆 ROM 来增强关节柔韧性能力。修正的坐位体前屈（也称为单腿坐位体前屈）与坐位体前屈不同的是，在测试中如果某一侧的成绩不理想或两侧的成绩差异较大时，则会体现出股后肌群或脊柱伸肌柔韧适能发展的不平衡性，并以此提示诸如有可能会存在发育不均衡或下腰背痛的风险。建议当健身者的柔韧适能已处于健康区域时，每周要做 3～4 次的拉伸练习，每次拉伸动作维持 20～30 秒。为了保证柔韧适能发展的均衡，在进行练习时应注重各个部位的全面发展。

4.5　身体成分的监测与评价

4.5.1　必读知识点

1. 身体成分的构成

身体成分是指体内各种成分（水分、蛋白质、无机盐、脂肪、矿物质等）的含量，常用各种物质成分的组成和比例来表示，也可以用组织的比例来表示。身体成分的不均衡将会导致肥胖、营养不良、水肿、骨质疏松等疾病。每个个体的身体成分由于遗传及环境等因素的不同而存在很大的差异。一般而言，人体内各主要物质所占的比例大致分别是 60％的水分、20％的蛋白质、5％的无机盐、15％的身体脂肪。身体成分反映了机体从环境中获得的和留存在体内的营养物质和其他物质的净积累，对于理解人体健康、疾病和功能而言具有重要意义。依据身体成分可以诊断、预测疾病风险，评估体适能、健康状况，调整饮食及运动方案，连续的身体成分测量是评价人体从营养不良或疾病状态恢复情况的可靠方式。

2. 身体成分的测评方法

人体的身体成分目前主要通过检测分析仪(生物电阻抗分析法)来测评,这种方法是通过无害的交流电通过人体、测试电阻抗的方法来分析人体成分,相比传统分析法,其结果更加精准可靠,具有安全无创伤、成本低和技术难度低的优势,适合规模较大的群体实验研究。大家可以在健身房、体检中心进行测试,推算出标准体重、肥胖度、基础代谢率、标准肌肉量、身体脂肪率、内脏脂肪水平、体质指数等指标,可有效地提示身体健康状态。身体成分的测量方法还有水下称重法、排空气体积描述法、皮褶厚度法、稀释法、生物电阻抗法、双能 X 光法、核磁共振法等。

身体成分的测评意义:当受试者身体成分处在一个需要改进的区域时,如果停留在这个水平状态上将会有较高的患病风险。报告分析显示,导致这些健康风险的出现,很可能与受试者较少参加体育运动和身体活动有关,应当立即进行改进。改进措施为:①每天至少一小时的体育运动;②减少看电视或玩电子游戏的时间;③形成健康的饮食习惯,多吃新鲜的水果和蔬菜;④减少食物中热量的摄入,减少吃糖,减少吃盐;⑤改善个体的身体成分得分,这将会改善个体的健康,并且可以帮助个体相应地提高其他评价指标的分数。

3. 体质指数与腰臀比

我们从人体测量学的角度给大家推荐如下两个指标。

1)体质指数

体质指数(BMI)的计公式为:体质指数=体重(千克)÷身高(米)的平方。体重的大小并不能真正地反应一个人是否肥胖(例如肌肉含量较高),但是身体脂肪比是反应一个人肥胖的主要依据。流行病学调查和人群防治常用体重指数来衡量整体肥胖,中国人的肥胖诊断标准可通过体质指数来衡量,不同体质指数对应的身体状况见图 4-6。

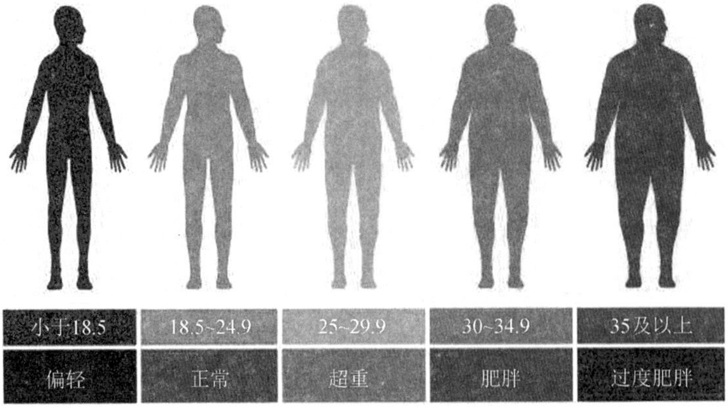

图 4-6　体质指数的计算方法

2)腰臀比

腰臀比(WHR)是指腰围和臀围的比值,可用于判断是上半身肥胖还是下半身肥胖,也是判定中心性肥胖和患心脏病风险的重要指标。WHO 推荐的腹部脂肪分布过多的标准为:男性 WHR 大于 1,女性 WHR 大于 0.8,但其分界值随年龄、性别、人种不同而异。一般认为,比值越小,说明越健康。

4.5.2　拓展资料

来自袁隆平的启发

杂交水稻之父、中国工程院院士、共和国勋章获得者袁隆平,2021 年 5 月 22 日在湖南长沙逝世,享年 91 岁。有媒体报道回顾了袁隆平一生对体育运动的热爱以及对肥胖的直接认识。对于如何在科研工作中保持良好的体力和精神状态,袁隆平给出的答案就是体育运动。“体育在各方面都有好处、都有作用,常言说,身体是革命的本钱,嘛,好的身体也是进行各项工作的基础。”在一次接受央视记者采访的过程中,袁隆平就自豪地说:“我年轻的时候喜欢锻炼,游泳比赛可是武汉市第一名啊!”袁隆平幼年时就学游泳,学了仅一年的时间便能横渡长江。年轻时,他要到江对岸看电影,为了省钱几乎从不坐船,而是把衣服顶在头顶游过去再穿上。因为泳技高超,袁隆平也曾代表川东区到成都去参加比赛。结果因为成都小吃又多又好吃,他把肚子吃坏了,最终获得了第四名,而前三名都被选进了国家队。也许命运之神在那一刹那做了抉择,中国缺少了一名游泳健将,却产生了一位农业天才。工作后,无论是在湖南安江农校旁的沅水、海南岛的海滨天然泳场,还是湖南省农科院旁的湘江,只要是有水的地方,袁隆平都要坚持游泳。袁隆平还有一次与竞技体育的亲密接触,湖北省举行全省体育运动会,17 岁的袁隆平偷偷跑去参赛,在预赛中获得了 100 米和 400 米两个第一名,最后摘下两枚银牌。70 多岁的时候,他还迷上了“气排球”,每天傍晚,都会约上三五好友玩上一阵。80 多岁的时候,虽然不能进行剧烈运动了,但袁隆平每天早上 7 点 30 分都会做广播体操,从第一节到最后一节,完成得一丝不苟。袁隆平曾说过:“我可以喂胖你们所有人,但我自己不能胖。”他说:“我 70 岁以前每天游泳,现在每天打排球,像我一样有一个好的身体,必须锻炼,不要吃太多的肥肉,小心变成一个胖子。”作为科研界的顶流,袁隆平十分注重自己的健康管理,对于肥胖的认识可为言简意赅,足以引起我们对于自身的健康管理的高度重视。

第5章 运动的补充建议

5.1 对于不同人群的运动建议

5.1.1 必读知识点

1. 不同人群的运动需求

《"健康中国 2030"规划纲要》指出，人的健康发展是贯穿整个生命周期的。借鉴"广义的运动处方"理论，科学健身的应用体系应由健康人群、疾病风险人群、慢性疾病人群、身体活动功能受损人群、发展性障碍人群五大类构成，每一类都涵盖儿童、少年、青年、壮年和老年五个年龄阶段。不同人群的运动需求也不尽相同，比如：幼儿期是人健康发展的初期，动作发展是幼儿健康成长的核心焦点，基本动作技能（走、跑、跳、攀爬、投、拍、踢、击打、滚翻等）对幼儿的机能发育、素质增长、认知增强、行为良好及社会适应促进等方面具有重要影响，许多成年人运动能力薄弱的原因是在基础动作学习时期没有获得应有的发展。再如：偏瘫、退行性骨关节病、帕金森氏症、骨折和骨质疏松等老年病会导致老年人运动功能发生严重障碍，主要表现为平衡能力下降、姿势异常、肌张力异常升高、肌肉痉挛、肌力下降、关节活动范围异常、步态异常等，而科学的运动指导（关节活动度训练、肌力训练、平衡能力训练、心肺功能训练等）可以预防、延缓，甚至逆转老年人生理性衰退，使老年人丧失的肢体功能得到恢复。图 5－1 为运动处方的人群分类。

2. 运动与慢性病

慢性病是世界范围内所有人类面临的主要死亡原因，其造成的生产力损失和福利支出可能会持续增加。而体力活动不足与患慢性病风险密切相关，运动锻炼可为慢性病的预防和治疗提供帮助。

低度炎症正在成为现代代谢性疾病、精神病和神经退行性疾病的常见特征，体力活动不足和腹部肥胖都与持续的全身性低度炎症有关。现有证据表明，定期运动和减轻体重可以改善炎症状况，从而预防和治疗与多种低度炎症相关的慢性疾病。

病毒大流行对人类社会的健康造成了巨大的威胁，尽管病毒通常首先侵入并

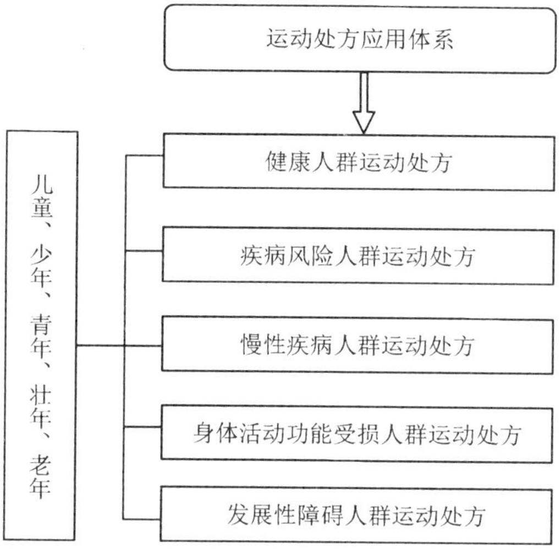

图 5-1　运动处方的人群分类

感染肺部和呼吸道组织，但在极端情况下，体内几乎所有主要器官都受到了负面影响，常常导致部分人严重的全身性衰竭。

慢性病是导致患者死亡的主要原因，其中心脏病和肺部疾病（肺癌除外）分别位列第一和第四。心肺疾病通常是由于不良的生活方式引起的，研究显示，运动对减轻心肺疾病患者焦虑具有良好的效果。

帕金森氏症造成的步态和姿势的改变导致患者的生活质量下降以及摔倒的风险上升，甚至造成严重的后果。初步证据显示，太极、瑜伽、交谊舞等运动对帕金森氏症患者的姿势稳定性、关节活动范围、下肢肌肉力量和运动能力有着有益的影响。

3.“运动是良医”的理念

2007 年，美国运动医学学会和美国医疗协会联合发起“运动是良医”（exercise is medicine，EIM）项目，这是一个在美国基于健康促进、由美国运动医学学会协调管理的健康项目，目前已有八十余个国家参与。该项目鼓励医护人员将运动处方作为慢性病治疗方案的一部分，主要目的是评估身体运动能力，在临床实践中推广通过运动获得健康的标准方案，为所有健康管理者提供基于实证的身体运动资源。运动对身体的好处已经无可争议地被科学证实，它是可以和任何药物相比的预防和治疗一些慢性疾病的有效方法。经过十几年的发展，“运动是良医”项目已经成为一个通过运动预防和治疗疾病的全球性项目。“运动是良医”项目在患者、医生、健身教练之间起到“桥梁”的作用，通过“运动是良医”项目的教育和培训课程，医生能够开“运动处方”，同时可以推荐患者到获得“运动是良医”培训认可的健身教练和俱乐部进行锻炼，患者得到尽快的康复，医生和健身教练可以互为补充，为患者提供健康服务。图 5－2 为“运动是良医”项目的网络标志。

图 5－2 “运动是良医”项目的网络标志

4.“运动是良医”的体现

（1）运动能改善心血管和呼吸功能，增强心肺功能。研究证明，心肺耐力与多种慢性病发生率和早期死亡率有着非常显著的负相关关系。

（2）运动可以降低冠状动脉疾病危险因素，延缓动脉粥样硬化的发展。冠状动脉危险因素有静坐少动、高血压、血脂异常、高血糖、肥胖，运动对以上五种因素均有良好的影响。

（3）运动可以降血压。运动可以降低安静时的收缩压和舒张压，一次 10 分钟以上、中等强度的有氧运动可使收缩压降低 10～25 毫米汞柱，舒张压下降 10～15 毫米汞柱。另外，经常运动还可减少运动中血压升高的幅度和血压波动。所以，适当运动可以预防高血压，缓解轻度高血压，与药物共同治疗轻、中度高血压。

（4）运动有明显的降血脂的作用，可以改善脂代谢。长期坚持中等强度的有氧运动可降低总血胆固醇和甘油三酸酯的水平，增加高密度脂蛋白（好胆固醇）水平。

（5）运动可以延缓和阻止糖尿病的发生。有规律的体育活动可以调节糖代谢，降低血糖，提高靶细胞对胰岛素的敏感性，有效地预防与治疗Ⅱ型糖尿病，延缓并发症的发生、发展。

（6）运动结合合理饮食可以有效控制体重，防止超重和肥胖。超重和肥胖与多种慢性疾病有关，包括高血压、冠心病、糖尿病、某些癌症和多种骨骼肌肉疾病。因此，适度运动是控制体重最积极有效的手段，可以降低与肥胖相关疾病发生的风险。

（7）积极的运动有助于缓解焦虑与抑郁情绪，促进心理健康。运动可以改变大脑的化学成分，引起良好的情绪和状态反应，可有效抑制抑郁症状的发展，也有助于某些慢性疾病的预后和康复。

（8）运动可以增强老年人的体质，提高老年人独立生活能力，降低老年人摔倒或因摔倒而受伤的风险，预防或缓解老年人的功能受限，增强许多老年人慢性疾病的疗效。图 5 - 3 为“运动是良医”项目涉及的全身系统。

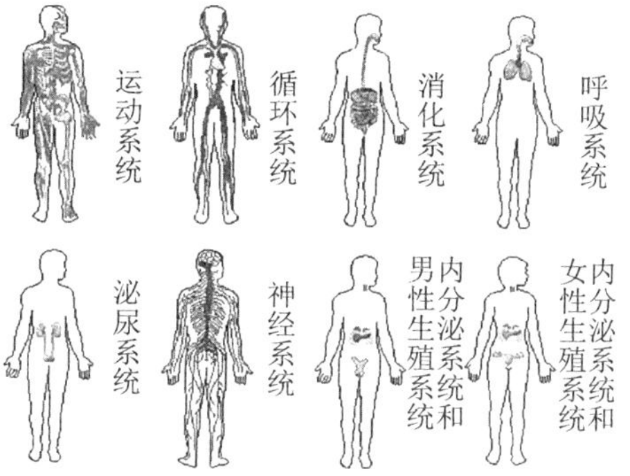

图 5 - 3　“运动是良医”项目涉及的全身系统

5.“健康果实”可保留多久

保持健康并不容易，经过艰苦的健身努力后，我们的“健康果实”能维持多久呢？事实证明，“下坡容易上坡难”，即使我们在锻炼上付出了巨大努力，但变回“不健康”的速度似乎比保持的速度要快得多。有研究显示，无论是改善心血管健康还是肌肉力量，关键都在于超越“习惯性负荷”。这意味着我们要与身体“对抗”，以比它所习惯承受的压力更多的负荷进行运动。由于对身体施加压力能使我们的适应性和耐受性更强，因此它也就为我们带来了更高的健康收益。而变健康所需的时间取决于许多因素，包括健身水平、年龄、努力程度甚至环境因素。研究显示，即使仅 6 次的间歇性训练也能增加最大摄氧量，并提高身体利用储存在细胞中的糖分为自己提供能量的效率。对于力量训练来说，肌肉力量的增强可以在两周内显现出来，但肌肉大小的变化要 8 到 12 周才能看到。当我们停止锻炼时，我们失去健康的速度也取决于许多因素，包括力量和心血管健康。研究显示，正处于运动体能巅峰期的马拉松运动员，他能在 2 小时 30 分钟内跑完一场马拉松，而他们也要花 15 年的时间坚持锻炼来保持这种水平。假设他完全停止训练，心肺适能在前四周内将下降 10%左右，这种下降速度会持续下去，但在更长的时间内会以较慢的速度下降。而对于普通人来说，最大摄氧量会在不到 8 周的时间里急剧下降并回到训练前的水平。至于力量，有研究显示，对普通人而言，12 周不训练会导致我们能举起的重量显著降低。我们失去肌肉力量的原因很大程度上与我们不再使肌肉承受压力有关。因此，当我们不再努力锻炼肌肉时，肌肉就会变得“懒惰”，停止锻炼后随着时间推移，肌肉会萎缩，也更加难以举起以前重量。因此，即使在努力健身之后，我们的心血管健康和力量水平也会在停止锻炼的 48 小时内开始下降，心血管健康需要至少 2 到 3 周，力量需要大约 6 到 10 周才能让我们开始感受到这些影响。总之，为了保留住以前努力结出的“健康果实”，要把坚持运动的习惯继续到底。

5.1.2 拓展资料

1. 老年人的运动建议

全球人口老龄化程度在不断加深，人口老龄化带来的老年人健康问题越来越凸显出来。研究表明，2023 年中国人的平均预期寿命是 78.6 岁，但是人均健康预期寿命不到 70 岁，这就意味着中国老年人在剩下的十年左右时间里是与疾病共存或是在床上度过的。这种患病、失能状况增加了老年人的痛苦，使老年人的晚年生活质量大大降低，同时老年人健康水平的下降也增加了国家、社会、家庭对老年人的照护负担。

1)老年人功能障碍评估

功能障碍评估是制订康复计划的前提，也能对康复训练的效果进行评价。老年人功能障碍评估是对老年人功能障碍的测定与分级，同时也能使老年人客观地认识自己身体功能状态。功能障碍评估内容广泛，主要有徒手肌力检查、肌张力检查、关节活动度评估、上肢和手功能评估、平衡功能评估、日常生活活动能力评估、步态分析等。

2)体位转移训练

体位转移是指人体从一种姿势转移到另一种姿势的过程，分主动转移和被动转移。主动转移是指老年人独立完成的体位转移，包括床上转移、卧坐转移、坐站转移以及轮椅转移。被动转移是指在他人帮助下完成体位转移。

3)关节活动度训练

(1)被动训练。对于有运动功能障碍的老年人，为了预防关节挛缩，使老年人体会正常的运动感觉，在早期进行被动的关节活动度维持训练是很有必要的。

(2)主动辅助训练，徒手助力运动。老年人在完成相应关节运动时应给予适当帮助，但更加强调老年人的主动运动，以维持和改善关节活动范围。

(3)主动运动。在老年人肌力和关节活动度允许的条件下，应积极进行主动的关节活动范围训练。

4)肌力训练

(1)徒手辅助主动运动。当肌力为 1 级或 2 级时，应帮助老人进行主动运动。

(2)悬吊辅助主动运动。利用绳索、挂钩、滑轮等简单装置，将肢体悬吊起来，在建立不稳定的运动环境的同时克服自身重力的影响。

(3)滑面上辅助主动运动。在光滑的板面上利用撒滑石粉或者固定小滑车等方法，减轻肢体与滑板间的摩擦力；反之，也可以通过垫毛巾或加大滑板的倾斜度等方法，加大在板上做滑动运动的摩擦力。此训练是在克服一定的阻力情况下进行的，比徒手和悬吊的辅助方法难度有所下降。

5）平衡能力训练

平衡能力训练要从静态平衡到动态平衡，支撑面要由小到大，要由卧位平衡到坐位平衡、到爬行位平衡、到双膝跪位平衡、到站立位平衡，训练中要注意保护老年人，要让老年人有安全感，减少其恐惧心理，训练中老人出现运动不协调时应及时纠正。

6）心肺功能训练

心肺功能训练可以改善老年人心血管功能，减少老年人心血管的发病率和死亡率。心肺功能训练主要包括有氧耐力训练、医疗体操、腹式呼吸训练等。

2. 老年人跌倒的运动建议

跌倒已经成为 65 岁以上老年人因伤致死的首要原因，摔倒所引起的并发症，例如摔倒骨折引起的长期卧床和严重炎症感染，也是威胁老年人身心健康的最大隐患之一。提高老年人平衡抗摔倒的运动干预应该包括以下四方面。

1）核心力量与稳定性

核心力量不足会导致人前倾后仰或左右失衡，造成摔倒的风险增大，会直接影响日常生活中人体举起、伸展、转向和弯曲的正常功能。步行，乒乓球、羽毛球的挥拍，平板支撑，臀桥等动作等可以提高人体的核心力量。

2）正确的姿势

保持良好姿势的能力对保持平衡至关重要，衰老会导致人的关节僵硬和肌肉绷紧，久而久之前后肌肉力量失衡，摔倒风险增加。保持姿势正常，例如坐在椅子上笔直坐着并收紧腹肌，可以增强关键的肌肉群，并有助于使步态更加正常，失衡风险降低。

3）对称的坐站姿

许多担心跌倒的老年人养成了过于前倾的站姿习惯后，反而容易导致人体失衡，如果肌肉的力量不足以拉回偏离的体重，跌倒往往就避免不了了。所以除了增强核心力量外，预防摔倒的运动干预还应包括增加臀部和腿部力量的运动，因为臀部和腿部的肌群是在人体失衡时帮助其保持稳定的主要肌肉群。

4）柔韧性和力量

伸展运动（柔韧练习）也是有效防止摔倒运动干预不可缺少的部分，通过柔韧（尤其是股四头肌和腘绳肌的柔韧性以及髋关节的活动范围）训练可以将与年龄有关的肌肉损失和柔韧性衰退程度降至最低，与骨骼相关的疾病（如骨关节炎和骨质疏松症）的影响也会减少，同时关节的柔韧性和稳定性也会大大提高，这些都能有效地提高人的平衡能力。

3. 太极拳与老年人跌倒

练习太极拳是防止摔倒最简单和有效的方法之一，其对老年人的作用如下：

(1)练习太极拳提高了老年人的反应时间和动作效率，与同龄非练习者相比，练习太极拳者明显降低了上肢在自主运动中肌肉的反应时间，提高了运动速度，明显缩短了下肢站姿对非预知干扰的反应时间，这一点在预防摔倒当中至关重要。

(2)在一些慢性病人中，练习太极拳本身可能带来与传统康复计划相同的神经肌肉效益。在对下背部慢性疼痛的研究中发现，练习太极拳能达到与传统拉伸复健相同的疼痛减轻及肌肉放松程度。而在慢性阻塞性肺疾病的研究中发现，在练习太极拳过程中可以达到与在60%最大负荷传统跑步机上健身时相同的肌肉活动效果。

(3)长期练习太极拳可能带来神经肌肉功能的持续提高。针对太极拳练习时间和老年人反应时间的研究显示，排除反应时间随着年龄增长而增加这一因素，随着练习年份的增长，老年太极拳练习者的反应时间持续降低，老年人练习太极拳并不受年龄的限制并能持续地受益。

4. 认知衰退的运动建议

老年人认知衰退已成为全球性的公共健康问题，我国60～69岁、70～79岁、80岁以上三个年龄段的老年人轻度认知障碍的患病率分别为9.93%、18.46%、26.13%，且与正常同龄人相比，轻度认知障碍患者患痴呆的可能性更大，年转化率接近10%。到目前为止，尚无治疗的特效药。而体育锻炼延缓老年人认知衰退的正向效应已被广泛证实，不同的体育锻炼变量(类型、频率、强度、时间、周期)产生的认知效益不同，在制订体育锻炼方案时应根据人群的特点、目标认知功能等因素全面考量，这已形成共识。在运动延缓老年人认知衰退的试验中，体育锻炼各变量在锻炼周期上多选择12～24周，在每次锻炼时间上多选择30～60分钟，在每周锻炼频率上多选择2～3次，有氧运动和多成分运动推荐中等强度，抗阻运动推荐中、高强度，中国民族传统体育运动推荐中等强度，这已形成共识。具体的推荐方案如下：

(1)有氧运动。每周3次，每次30～60分钟，持续12～24周。

(2)抗阻运动。锻炼强度为70%～79% 1 RM，每周锻炼2次，每次锻炼2～3组，每组重复7～9次，持续20～24周。

(3)多成分体育运动。大脑额叶是认知功能的主要脑区，与抑制相关的脑区位于右额下回，与工作记忆相关的脑区位于左前扣带回、左前运动皮质、右额下回，与任务转移相关的脑区分布于双侧额叶皮质，这可能是影响体育锻炼类型对认知功能干预效果的神经结构基础。不同类型的体育锻炼可能通过不同的途径影响认知功能，多成分的运动干预包含有氧运动、抗阻运动、协调、平衡等各个方面，其对认知的影响也是多方面的，所以对整体认知功能的影响更明显。

(4)中国民族传统体育运动。中国民族传统体育项目众多,目前用于老年人认知干预较多的项目主要有太极拳、八段锦、五禽戏、六字诀等。以太极拳为代表的中国优秀传统文化,融合传统哲学、医学、五行学说,将身体运动与吐纳术相结合,注重"天人合一",讲究"以心行意,以意导体,以气运身",力求达到心、意、力、气、形的高度统一,不断进行动作方向、幅度、劲力、速度上的调整运动,练习时不仅需记忆训练,还需多种更高层次的认知(如感知速度、视觉空间能力、注意力、多任务处理和计划)来保持姿势的稳定性,使肢体运动过程中的相关脑区也得到活动,刺激大脑细胞兴奋性,有利于维持大脑感知觉功能,改善老年人记忆力,达到健脑的功效。此外,太极拳练习的组织方式多为群体学习,这为练习者提供了一个智力交流(社会互动)的平台,通过练习能够减轻压力、缓解焦虑,进一步促进练习者认知功能的改善。

5. 血脂异常的运动建议

美国医学学会和美国心脏病学会认为,运动可以作为一种重要的生活方式疗法来治疗血脂异常,降低人体罹患心脏病的风险。运动对血脂成分的直接影响因人而异,因为饮食、减重、遗传和药物等因素也会影响胆固醇和甘油三酯的含量。然而,对许多人来说,进行日常的体力活动就可以帮助机体提高高密度脂蛋白胆固醇,降低低密度脂蛋白胆固醇及甘油三酯。

1)血脂异常人群的运动要求

(1)简单有效。此类人群要坚持少坐多动,散步、遛狗、轻轻起舞、上下楼梯等都是很好的体力活动。在一天中选择合适的时机进行运动,任何简单的体力活动都是有效的。

(2)制订计划。体力活动有助于改善血脂异常,而通过健康饮食来减重、减脂也非常有必要。注册营养师和运动专业人士都可以帮锻炼者制订计划。

(3)燃烧 8372 千焦热量。按照每周燃烧 8372 千焦热量来执行体力活动计划,可以有效改善血脂异常。利用运动监测设备,如智能手机 App 和运动手表来记录运动数据,能够帮助你愉快运动、快乐减脂。

(4)激励自己。思考如何激励自己坚持运动,需要有监督的运动计划或是到健身中心运动。

2)针对血脂异常人群的运动建议

(1)有氧运动。有氧运动可以提高心率、呼吸和耐力。制订计划,每周至少进行 150 分钟的中等强度运动(如快走、休闲骑行或水上运动)至较大强度运动(如慢跑、网球单打或登山),效果最佳。①运动类型。任何有节奏的、连续的运动都可以。②运动频率。每周坚持运动 3～5 天。③运动强度。运动强度从非常轻松到有点吃力。④运动量。运动量从开始时每天持续几分钟,逐渐增加至每天 30～60 分钟。⑤注意事项。开始时每天抽出 5～10 分钟运动一下,逐渐增加到每天运动

20～30 分钟，从而达到每周 150 分钟有氧运动的目标。如果要减重，需要达到 2 倍的运动量。减重有助于改善血脂异常。运动强度过大、频率过快会使人体容易感到疲劳。刚开始的有氧运动以持续时间更久而不是强度更大为目标，以后逐渐增加运动频率和持续时间。有氧运动前后需要及时进行轻松的热身和整理运动。

（2）力量训练。力量训练（如负重训练或弹力带训练）可以增强力量，使个体能更轻松、更安全地进行日常娱乐活动。增肌、减脂有助于控制血脂并促进心血管健康和代谢健康。①运动类型。自由重量训练、弹力带、固定器械或自重训练（比如做俯卧撑或者做椅子深蹲）都是可行的。②运动频率。每周坚持运动 2～3 天，间隔休息。③运动强度。运动强度从稍微吃力开始，逐渐增加至比较吃力和非常吃力。④运动量。对于主要肌肉群训练，从每组能够重复 10～15 次的强度开始，逐渐增加至每组可重复 8～12 次的强度，每个动作 2～4 组。⑤注意事项。如有需要，及时寻求认证运动专家的帮助，他们能够帮助此类人群完成标准的动作并采取正确的呼吸方式。

（3）其他活动类型。有氧运动和力量训练对血脂异常人群特别有帮助，您也可以从其他体力活动中获得健康益处。①柔韧性训练。每周 2～7 天，将肌肉拉伸到轻微不适的程度，每次保持 10～30 秒（老年人 30～60 秒）。②娱乐活动。可以选择纯娱乐性的体力活动，打球、跳舞、料理花园等户外活动都是很好的选择。③步行。使用智能手机或佩戴运动监测设备来记录运动数据并保持动力，目标是逐渐增加至每日步行 7000～9000 步。④瑜伽、普拉提和太极拳。上述运动均有助于改善身体平衡性、柔韧性，增强力量，放松身心。

6. 戒烟者的运动建议

1）吸烟的坏处

5 月 31 日是世界无烟日，吸烟的坏处显而易见，具体表现如下：

（1）因吸烟引起的疾病包括肺癌、口腔癌、喉癌、膀胱癌、肾脏癌、子宫颈癌和胃癌。

（2）瘾君子更容易患心脏病，他们心脏病发作的概率是不吸烟者的 2 倍。也有研究已经证明，吸烟可以导致吸烟者身患某些白血病。

（3）烟从口入，吸烟对口腔的伤害尤为显著，吸烟常引起齿龈病、龋齿，因烟熏导致牙黄和口臭，吸烟者患白内障的可能性大大高于不吸烟者。

（4）儿童吸烟更为有害，吸烟会大大导致儿童呼吸系统疾病，二手烟可令受害者患肺癌和心脏病的机会大大增加。中国有 3 亿多吸烟者，占全世界吸烟者总数的近三分之一，烟草每年导致约 100 万人死亡（是美国的 2 倍），中国的吸烟率如不下降，中国每年因烟草死亡人数到 2050 年将增至 300 万人。好在运动可以助戒烟一臂之力，因为运动带来的内啡肽和多巴胺分泌增加给大脑带来的快感在大脑里和尼古丁给大脑带来的快感是一个部位。所以戒烟时如果运动，可以压抑抽烟的欲望，这也是为什么运动也会上瘾的原因，过度运动也不好。有研究发现，经常运动的抽烟女性要比不运动的抽烟女性患心脏病的风险要低30%。

2)戒烟者运动的具体建议

(1)运动类型。有氧运动，如快走、慢跑、游泳、有氧舞蹈、打羽毛球等。迄今为止，有氧运动被证明是最有效的戒烟运动，和它能比较快捷、有效地促进内啡肽和多巴胺分泌有关。

(2)运动强度。运动强度选择中高强度，40%～60%储备心率，或最大摄氧量的50%～60%。久坐和超重的戒烟人群可以从中等强度开始，慢慢过渡到高强度。研究表明，高强度的效果比较好。

(3)时间/频率。每天的戒烟运动干预通常为60分钟，包括5分钟的热身，30～40分钟的有氧运动和5分钟的整理活动。但久坐和超重的戒烟人群可以从每天20分钟、每周5天开始，逐渐过渡到每天60分钟，每周7天。

(4)依从性。和其他运动干预一样，保证干预的依从性最难。根据戒烟人群量身定制、保证干预的趣味性和提高必要的支持对提高依从性都很重要。

7. 心力衰竭的运动建议

心力衰竭是由于各种原因导致心脏收缩功能和舒张功能发生障碍，引起静脉系统血液淤积导致供血不足引起心衰的一种疾病，一般伴随着其他心血内科疾病发生，是心脏疾病病发最常见的一个症状，病发时会出现呼吸困难、全身乏力、心绞痛等症状。心力衰竭人群要从增加日常活动开始，最好是制订完整的心脏康复计划。运动专业人员可以为患者设计一份最佳的运动计划，帮患者主动保持体力活动的活跃状态。

1)心力衰竭注意事项

在开始一个新的体力活动计划时，个体可能会感到呼吸急促、头晕或身体虚弱，这时需要放慢脚步或增加休息时间。坚持有规律的活动，这些症状就会逐渐减轻。许多心力衰竭患者同时患有高血压，这会加大心脏负担。最好应用心脏压力测试(心肺运动测试)的结果调整健身计划。先开始有氧运动，几周后再加入力量训练。

2)有氧运动

有氧运动会增加心率和呼吸频率，应该达到的目标为每周150分钟以上中等强度的体力活动(比如快走、骑车、跳舞或水中运动)，长期规律的有氧运动可以提高机体耐力和心脏健康水平。①运动类型可以选择任何有节奏的、连续的运动。运动频率为每周3～5天。②运动强度是从轻松到有点吃力(可以说话，但无法唱歌)。③持续时间是从每天持续几分钟开始，逐渐增加至每天持续30～60分钟。④注意事项包括：可以在一天里进行多次5～10分钟的运动或者进行20～30分钟的运动；可以把全天的运动拆解到早上 15 分钟和晚上 15 分钟，但要尽可能坚持运动；如果想要减轻体重，那么体力活动的量就需要加倍；从低中强度开始，缓慢地逐渐增大强度；运动前后进行轻松缓和的热身和放松活动；避免在极端天气（如炎热潮湿或阴冷）里运动，因为这会给心脏带来更多压力。

3）力量训练

力量训练能让个体更强壮、更健康，比如做负重或弹力带锻炼。此外，力量训练可以让个体更轻松、更安全地完成日常活动。①运动类型可以选择哑铃、弹力带和负重器械练习，以及自重练习（比如墙面俯卧撑或座椅深蹲）。②运动频率为每周 2～3 天，两次训练日中间穿插休息日。③运动强度是从轻负荷开始，逐渐增加到中等强度。持续时间为每个主要肌群重复练 10～15 次，完成 2 组。④注意事项包括：如果能轻松地完成每个动作重复练 10～15 次，就可以增加阻力了；每个动作的最后 2 次完成起来要有些吃力；只要坚持，肌肉力量就会增强；力量训练时，一定不要过度紧张或憋气，这可能会使人感到头晕。

4）其他体力活动类型

有氧活动和力量训练是心力衰竭患者运动计划的核心内容，也可以尝试其他类型运动。①柔韧性训练：每周 2～3 天，拉伸肌肉到感觉紧绷，保持 10～30 秒，重复 2～4 次。例如，进行拉伸小腿或大腿后侧肌肉练习。②瑜伽、普拉提和太极：这些运动有助于改善人体平衡性、保持力量和放松身体。③增加步数：使用智能手机或运动跟踪器记录步数。步数慢慢增加，每天比现在多走 2000 步，目标是每天走 7000～9000 步。

8. 脊柱侧弯的运动建议

脊柱侧弯属于脊柱弯曲异常的一种，是危害儿童、青少年健康的常见疾病之一。严重者会损伤人体的脊髓和神经根，甚至造成瘫痪、心肺功能障碍和其他器官系统疾病。脊柱侧弯的解剖学特征如图 5-4 所示。《学校卫生工作条例》中明确规定，学校应当积极做好学生常见病的预防和矫治工作，脊柱弯曲异常作为危害大的常见病更应加强预防。我国已将脊柱弯曲异常纳入学生常见病监测系统，拟将脊柱弯曲异常列为定期体检项目。教育系统在推进“中小学健康促进行动”中，积极倡导保证足够体育锻炼和体力活动，保障学生体育锻炼时间。2008 年，教育部印发的《中小学健康教育指导纲要》明确规定，学校要通过多种形式向学生宣传普及正确的坐、立、行姿势及读写姿势，预防脊柱弯曲异常。“体育与健康”课程标准中明确规定学校要塑造学生良好体形和身体姿态，如：“水平一（小学 1—2 年级）”学习目标为注意正确的身体姿态，达到该目标，学生能够掌握正确的坐、立、行等身体姿态，说出处于正确和不正确身体姿势时的感受，努力改正不正确的身体姿势；“水平二（小学 3—4 年级）”学习目标为基本保持正确的身体姿势，达到该目标时，学生能够在日常学习和生活中初步具有正确的身体姿势，在徒手操、队列等练习中保持正确的身体姿势；“水平三（小学 5—6 年级）”学习目标为能够用正确的身体姿势进行学习、运动和生活，能够在日常学习和生活中保持正确的身体姿势，在体操、舞蹈或韵律活动等项目的学习中保持正确的身体姿势，在他人的指导下运用适当的体育活动改善身体姿势。各地方学校要严格执行该课程标准，通过体育课、阳光体育锻炼、课外体育活动等多种形式，有效预防学生脊柱弯曲，切实保障中小学生健康成长。

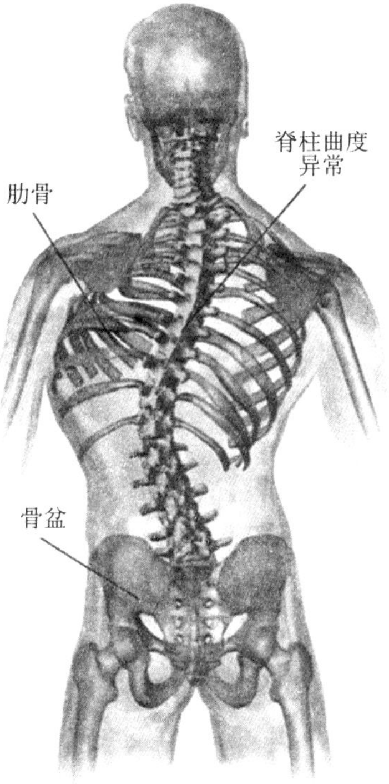

图 5 - 4　脊柱侧弯的解剖学特征

9.“运动是良医”在中国

中国疾病预防控制中心于 2012 年 6 月加入“运动是良医”项目，成立了由疾病预防、临床康复和运动科学等领域专家组成的“运动是良医中国工作组”，建立了“运动是良医”中国网站和微信公众平台。“运动是良医”写入了国务院颁布的“十三五”《全民健身计划（2016—2020 年）》。《“健康中国 2030”规划纲要》强调，要以基层医疗卫生机构为重点加强体医融合和非医疗健康干预，加强基层医疗卫生机构运动指导的能力；推动形成体医结合的疾病管理与健康服务模式，建立完善针对不同人群、不同环境、不同身体状况的运动处方库，发挥全民科学健身在健康促进、慢性病预防和康复等方面的积极作用。国务院印发的《中国防治慢性病中长期规划(2017—2025年)》提出,在基层慢性病防治工作中要促进体医融合,在基层医疗卫生机构开设运动指导门诊,提供运动健康服务。"运动促进健康"的理念在全球范围内受到认可和推广,多个国家已将推动全民健身作为国家健康促进计划的重要内容。近年来,我国政府积极推进全民健身和全民健康的深度融合,"体医融合"由战略规划进入实质性发展阶段。促进体育运动科学化、推广"运动是良医"的理念势在必行。

5.2 本书的前景与反馈建议

运动促进健康的策略、形式和方法多种多样。我们在进行科学健身的过程中,首先要通过体质健康测评来了解自身水平;其次要设定合理的健康促进的目标;最后要借助高效的健身方法进行长期的实施。尤其要注意:从来没有规律运动习惯的或是体质健康水平极弱的人(尤其是已被病毒感染的患者),一定要在医师(或运动处方师)的严格要求下(可能需要医务监督)进行健身活动,以避免承担不必要的运动风险。

本书分别介绍了科学健身的基本理念、科学健身的基本知识、科学健身的方法、体质健康的监测与评价等内容,这些内容具有"递进"的逻辑关系,有助于大家循序渐进地对科学健身有较为系统的认知。本书在"必读知识点"和"拓展资料"中罗列的详细知识点,可以配合大家进行"碎片式"阅读,希望大家在有限的时间里能够得到更多的启发和帮助。

本书的主体编写单位是西安交通大学体育中心、陕西省体育科学学会和西安交通大学第一附属医院,编者中既有拥有中国体育科学学会认证资质的运动处方师,也有在大众健身、运动训练和康复医学领域有着丰富经验的专家教授。为了更加有助于本书的推广使用,实现更好的健身效果,我们拟订结合本书内容,通过网络平台为大家(健康人群、疾病风险人群、慢性疾病人群、身体活动功能受损人群、发展性障碍人群等)提供长期的运动指导服务。

后期我们将在网络平台(数据库、视频资源、前台操作与后台管理模块等)上为大家提供的服务有:①解答读者的提问,线上指导健身运动(由教授、医师完成);②通过信息登记和问卷统计,为反馈的读者建立电子健康档案;③根据读者的健康水平和运动目标,一对一地量身定制运动处方;④对读者的运动实施和体能的动态情况进行持续性跟踪,不断地调整运动方案,实现运动计划的监督和反馈。

编者团队诚挚地邀请每位读者关注西安交通大学体育中心和陕西省体育科学学会的主页动态,并殷切地期待您跟我们进行沟通和联系。

附录

附录1　必读知识点索引

附录2　拓展资料索引

参考文献

[1] 杨静宜,徐峻华.运动处方[M].北京:高等教育出版社,2005.

[2] 王瑞元.运动生理学[M].北京:人民体育出版社,2002.

[3] 赵生,闫明晓,于俊海,等.全民科学健身一百招[M].西安:陕西人民出版社,2019.

[4] 汪民安.身体、空间与后现代性[M].南京:江苏人民出版社,2006.

[5] 李宝成,刘长江,任文君,等.科学健身方法[M].西安:西安交通大学出版社,2019.

[6] 邓树勋,洪泰田,曹志发.运动生理学[M].北京:高等教育出版社,1999.

[7] 王正珍,王艳,罗曦娟,等.ACSM 运动测试与运动处方指南.[M].10 版.北京:人民卫生出版社,2019.

[8] 章拒林,束纫秋.体育词典[M].上海:上海辞书出版社,1984.

[9] 季浏.居家抗疫正是强化健康教育的良机[N].中国教育报,2020-04-18(4).

[10] 陈巍,侯莉娟.急性运动降低感染风险的免疫调节机制[J].中国体育科技,2020,5(5):14-20.

[11] 陈华伟,杨军英,汤静.一次高强度间歇运动对青年男性外周血 T 淋巴细胞分布与免疫应答的调节[J].体育科学,2017,37(9):55-64.

[12] 戈哲,丁树哲.运动介导细胞自噬调控先天性免疫的研究现状及展望[J].体育科学,2019,39(11):67-74.

[13] 刘宏,黄达峰,韦蝶心,等.突发公共卫生事件下青少年应激反应与应对方式[J].中国健康心理学杂志,2017,.25(8):1235-1239.

[14] 刘鹏.从"东亚病夫"到体育大国:新中国体育 60 年[J].求是,2019(16):26.

[15] 祝莉,王正珍,朱为模.健康中国视域中的运动处方库构建[J].体育科学,2020,40(1):4-15.

[16] 孙长新.我国运动处方研究现状分析与思考[J].南京体育学院学报(自然科学版),2012.11(4):34-37.

[17] 任海.身体素养:一个统领当代体育改革与发展的理念[J].体育科学,2018,38(3):3-11.

[18] 彭国强,舒盛芳.美国国家健康战略的特征及其对健康中国的启示[J].体育科学,2016,36(9):10-19.

[19] 陈栋，曾玉榕. 关于运动处方的起源及发展探讨[J]. 湖北体育科技，2002，(2)：54 - 55.

[20] 罗曦娟，王正珍，张军，等. 体力活动能量消耗编码表在运动处方中的应用[J]. 北京体育大学学报，2013，36(9)：76 - 80.

[21] 王正珍，王娟，周誉. 生理学进展：体力活动不足生理学[J]. 北京体育大学学报，2012，35(8)：1 - 6.

[22] 高志敏，王晓鲁，卓勤，等. 中国北方农村健康成人不同体力活动能量消耗研究[J]. 卫生研究，2012，41(1)：75 - 79.

[23] 李海燕，庄洁，陈佩杰. 上海市 11—16 岁青少年体力活动能量消耗参考值研究[J]. 中国运动医学杂志，2013，32(1)：14 - 19.